Klemens Nodewald

Das Herz öffnen

Klemens Nodewald

Das Herz öffnen

Gedanken und Gebete zu Berufung und Sendung der Christen

echter

Bibliografische Information der Deutschen Nationalbibliothek

Die Deutsche Nationalbibliothek verzeichnet diese Publikation in der Deutschen Nationalbibliografie; detaillierte bibliografische Daten sind im Internet über <http://dnb.ddb.de> abrufbar.

www.echter-verlag.de

Umschlaggestaltung
Peter Hellmund, Würzburg

Druck und Bindung
fgb · freiburger graphische betriebe

ISBN 978-3-429-03026-1

Vorwort

Bei Gott gibt es keinen Zufall. Wir sind von ihm ausdrücklich gewollt und bejaht und nicht nur als zufällig Vorhandene geduldet. Mit jedem von uns hat er seinen Plan, den er ganz auf unsere Persönlichkeit abgestimmt hat.

Hinzu kommt: In der Verkündigung und im Wirken Jesu waren Berufung und Sendung zentrale Themen. So ist es nicht verwunderlich, dass sich Christen zu allen Zeiten mit diesen Themen befasst und auseinandergesetzt haben.

Dabei wurde deutlich: In seinem umfassenden Heilsplan hat Gott allgemeine – für alle Menschen geltende – und sehr persönliche Aufgaben für jeden vorgesehen. Es gibt also Bereiche, die Gott niemand anderem als jeweils dem Einzelnen ans Herz und in die Hände legen möchte, die er genau dir und mir – und keinem anderen sonst – zugedacht hat.

Die vorliegenden Texte wollen einladen, der persönlichen Berufung und Sendung nachzuspüren. Sie setzen bei der Betrachtung von grundsätzlichen Anrufen Gottes an uns Menschen an – Berufungen, die Gott bereits in die menschliche Natur hineinlegte. Danach soll der Blick geöffnet werden für die Vielfalt von Berufungen, für Hinweise und mögliche Anzeichen einer speziellen Berufung, für unterschiedliche Situationen, in die eine Berufung Menschen führen und bringen kann.

Freude und Glück, Suchen und Fragen, Ringen und Sichentscheiden, Dank und Bewunderung der Pläne Gottes finden überwiegend in Gebeten und meditativen Texten ihren Ausdruck.

Das Buch möchte anregen, sich der Realität von Berufung des Menschen durch Gott und der damit verbundenen Wertschätzung bewusster zu werden. Es will helfen, aufmerksam nach der eigenen Berufung zu fragen und sich ihr mit dem Herzen zu öffnen, um dem persönlichen Leben jene Tiefe und Erfüllung abzugewinnen, die jedem von Gott angeboten wird.

Gottes Grundidee

Der Anruf Gottes an jeden von uns

(nach Texten der Bibel)

Wenn wir auf Gottes Stimme achten, können wir ihn – nach den Worten der Bibel – Folgendes zu uns sprechen hören:

Bei deinem Namen habe ich dich gerufen (Jes 43,1). Du bist ein Mensch mit Bedeutung, nicht eine Nummer unter vielen oder gar ein Niemand. Nach meinem eigenen Bild habe ich dich geschaffen (Gen 1,26).

Du bist kein Zufall.
Noch bevor du im Mutterleib Gestalt angenommen hast, habe ich meinen Plan mit dir entworfen (Jer 1,5). Jeder deiner Tage stand mir genau vor Augen, noch ehe du gebildet wurdest (Ps 139,16).

Selbst die Zeit deines Lebens und den Ort deiner Geburt habe ich bestimmt und festgelegt (Apg 17,26b).

Es mag sein, dass du dich selbst nicht für besonders fähig hältst. Ich, der Herr, habe dich ausersehen und sende dich. Sei ohne Furcht, denn ich bin mit dir (Jer 1,7–8). Und meine Pläne mit dir sind Pläne des Heils, die Zukunft eröffnen und Hoffnung schenken (Jer 29,11–12).

Wisse, dass ich dich nie überfordern werde. In der entscheidenden Stunde werde ich dir die Worte in den Mund legen, die du sprechen sollst (Lk 21,12–15) und Kraft schenken für deine Aufgabe (Mk 16,17b–18).

Gehe nur, wohin ich dich sende. Ich bin mit dir (Mt 28,19 f.).

Einmalig

Einmalig
sind wir von Gott geschaffen

mit unserem unverwechselbaren Fingerabdruck
und den Zügen in unserer Handschrift

mit dem Klang in unserer Stimme
und der Melodie in unserer Sprache

in der Art unseres Denkens
und mit den Bildern in unseren Vorstellungen

in der Weise, wie unsere Seele sich berühren lässt
Glück genießt und Leid verarbeitet

Einmalig sind wir geschaffen –
Jeden von uns
gibt es in seinem Wesen
und in seiner Persönlichkeit
nur einmal

Es ist nicht vermessen

Du bist nicht vermessen,
wenn du an dich selbst glaubst
Du bist nicht vermessen,
wenn du die Welt verändern willst

Du denkst nicht vermessen,
wenn du überzeugt bist, dass Gott
etwas Größeres mit dir vorhat
Du denkst nicht vermessen,
wenn du an Wunder glaubst und
sie für dich erhoffst
Du denkst nicht vermessen,
wenn du das Kleine, das du tust,
für etwas sehr Wichtiges hältst

Du handelst nicht vermessen,
wenn du im Vertrauen auf Gott anpackst,
was dir keiner so richtig zutraut

Wir sind nicht vermessen,
wenn wir in gleicher Weise über uns denken,
wie Gott es tut

Hingabe an Gott

Herr,

dein Bild von mir –
lass es mich oft anschauen

deine Pläne mit mir –
lass sie mich entdecken

deinen Weg mit mir –
hilf, dass ich ihn in Treue gehe

deine Aufgaben für mich
will ich froh entgegennehmen

deinen Worten und deiner Verheißung
vertraue ich mich an

deine Sorge um mich
schenkt mir Kraft und Mut

dein Segen
eile mir voraus und begleite mich

dir will ich ganz gehören
Amen

Bitte um Leitung

Zu dir, Herr, erhebe ich meine Seele.
Mein Gott, auf dich vertraue ich.

Zeige mir, Herr, deine Wege,
lehre mich deine Pfade!

Führe mich in deiner Treue und lehre mich;
denn du bist der Gott meines Heils.
Auf dich hoffe ich allezeit.

(Ps 25,1–2a.4–5)

Ich bin mit dir

Schon am frühen Morgen, Herr,
beim ersten Erwachen
lass mich an deine Verheißung denken:
Ich bin mit dir.

Ob dann das Tagewerk gelingt oder nicht,
ob Probleme sich in den Weg stellen,
lass mich an deine Verheißung denken:
Ich bin mit dir.

Wenn böser Widerstand sich gegen mich formiert,
wenn man mir Fallen stellt oder mich demütigen will,
ruf mir deine Verheißung zu:
Ich bin mit dir.

Wenn Unglück oder Leid mich plötzlich überfallen,
lass mich bereits beim ersten Erschrecken
deine trostvolle Verheißung hören:
Ich bin mit dir.

Wenn ich in Unsicherheit und Angst
keinen Schritt mehr wage,
schreibe mir deine Verheißung ins Herz:
Geh nur; denn ich bin mit dir.

Erfahrungen mit dem Anruf Gottes

Gottes Anruf

kommt aus der Tiefe,
ohne sich ergründen zu lassen

ist plötzlich da,
ohne Vorwarnung oder vorherige Anfrage

bewegt und fesselt,
ohne festzunageln

klopft immer wieder an,
ohne etwas zu erzwingen

spricht an,
ohne zu überreden

erwählt,
ohne die Wahl zu begründen

stellt Bisheriges in Frage,
ohne es negativ zu bewerten

fordert heraus,
ohne zu überfordern

Gott baut auf dich

Weil Gott dich wollte, wie du bist –
sag ja zu dir

Weil Gott an dich glaubt –
glaube an dich selbst

Weil Gott dir vertraut –
vertrau auch du dir

Weil Gott mit dir rechnet –
zögere nicht

Weil Gott auf dich baut –
trau dir selbst etwas zu

Weil Gott dich geleitet –
brich auf

Berufen füreinander – Gottes Grundmodell vom Menschsein

Dann sprach Gott, der Herr: Es ist nicht gut, dass der Mensch allein bleibt. Ich will ihm eine Hilfe machen, die ihm entspricht.
Gott, der Herr, formte aus dem Ackerboden alle Tiere des Feldes und alle Vögel des Himmels und führte sie dem Menschen zu, um zu sehen, wie er sie benennen würde. Und wie der Mensch jedes lebendige Wesen benannte, so sollte es heißen.
Der Mensch gab Namen allem Vieh, den Vögeln des Himmels und allen Tieren des Feldes. Aber eine Hilfe, die dem Menschen entsprach, fand er nicht.
Da ließ Gott, der Herr, einen tiefen Schlaf auf den Menschen fallen, sodass er einschlief, nahm eine seiner Rippen und verschloss ihre Stelle mit Fleisch.
Gott, der Herr, baute aus der Rippe, die er vom Menschen genommen hatte, eine Frau und führte sie dem Menschen zu.
Und der Mensch sprach: Das endlich ist Bein von meinem Bein und Fleisch von meinem Fleisch. Frau soll sie heißen, denn vom Mann ist sie genommen.
(Gen 2,18–23)

Gott schafft die Welt als ein Paradies. Der erste Mensch Adam hat – auf den ersten Blick – im Grunde überschwänglich alles, was er zum Leben braucht. Als die Krone der Schöpfung darf er sich die Welt einrichten und sie ordnen.

Umso erstaunlicher ist es, dass Gott feststellt: Es fehlt noch etwas an seiner Schöpfung. Denn es ist für den Menschen Adam nicht gut, allein zu sein. Gott bemerkt den Mangel, längst bevor Adam etwas vermisst. Denn der Mensch Adam, der damit beschäftigt ist, allen Tieren, die an ihm vorbeiziehen, einen Namen zu geben, scheint in seinem Wirken und Schaffen noch gar nicht bemerkt zu haben, dass er allein ist, dass ihm etwas entscheidend Lebensnotwendiges fehlt.
Was Gott als Mangel für Adam erkennt, fasst er in die Worte: „Ich will ihm eine Hilfe machen, die ihm entspricht."

Die Frau als Gehilfin für den Mann ist in der Vergangenheit leider von manchen in dem Sinne ausgelegt worden, als sei die Frau dem Manne untergeordnet, etwa im Sinne einer Dienstmagd. Dabei berief man sich nicht selten auf den Apostel Paulus, der in einem ganz anderen Zusammenhang den Satz formulierte: „Ihr Frauen, ordnet euch euren Männern unter wie dem Herrn; denn der Mann ist das Haupt der Frau, wie auch Christus das Haupt der Kirche ist" (Eph 5,22 f.).

Für die Sicht einer Unterordnung der Frau unter den Mann bietet der Schöpfungsbericht jedoch keinerlei Ansatz. Dies wird schon darin deutlich, dass der Schöpfungsbericht der Bibel der einzige uns bisher bekannte Text ist, in dem von der Erschaffung der Frau die Rede ist. Die uns vorliegenden altorientalischen Schöpfungstexte der umliegenden Völker Israels erwähnen die Erschaffung der Frau an keiner Stelle. Dem Verfasser des biblischen Schöpfungsberichtes dagegen ist der Bericht von der Erschaffung der Frau als Gehilfin des Mannes offensichtlich ungeheuer wichtig. Nach ihm ist sie nicht eine Magd, sondern Adams Ergänzung; sie ist, was dem Adam nach der Feststellung Gottes fehlt.

Adam war nicht aufgefallen, dass er neben Sonne, Luft, Wasser, Früchten und dem, was die Erde sonst bot, das Gegenüber für sein Leben brauchen würde:
– ein Wesen, das ihm gleicht und ihn darum verbessern kann, das ihm Fehlendes und Mängel in seinem Wesen ersetzt;
– ein Wesen, das ihm Partnerin ist und dem er Partner sein kann, Partner, die sich anerkennen, achten, bewundern, lieben und in Ehrfurcht begegnen, die sich Hilfe gewähren, wo der Einzelne für sich am Ende ist, die sich trösten und aufrichten, im Leid zur Seite stehen und das Glück miteinander teilen.

Mensch sein in gegenseitiger Ergänzung füreinander, so könnte man Gottes Modell vom Menschsein umschreiben. Mann und Frau, beide von Gott geschaffen, Bein vom gleichen Bein, stehen gleichwertig in ihrem Sein und in ihrer Würde vor Gott. Nicht in ihrer Wertigkeit, nicht in ihrer Würde liegt ihr Unterschied, sondern in ihrem Wesen. Mann und Frau sind aufeinander hin erschaffen, um in der Begegnung miteinander, in der gegenseitigen Ergänzung, in der Hilfe füreinander zu einer Höhe und Tiefe des Menschseins zu finden, die jeder für sich allein nie erringen könnte.

In der gegenseitigen Ergänzung eine Berufung und Sendung des Menschen zu sehen entspricht dem Plan Gottes, den er ins Menschsein gelegt hat.

Die Ergänzung

Mit deinen Augen und deiner Sicht der Dinge
meinen begrenzten Horizont erweitern

Mit deinem Gespür
für mich bisher Verborgenes erschließen

Durch deine Art und Weise des Denkens
die Grenze meiner Vorstellungen aufbrechen

Durch deine Fragen
in größere Tiefe vorstoßen

Mit dir an meiner Seite
mehr Sicherheit gewinnen

Mit dir in meiner Nähe
über mich hinaus wachsen

Wozu wir uns geschenkt sind

Du lernst von mir das Lachen
und ich lerne von dir zu weinen

Du lernst zu trösten
und ich lerne zu trauern

Du wirst mutiger
und ich lerne, mich zurückzunehmen

Du lernst von mir mehr Achtsamkeit
und ich werde durch dich entschlossener

Du lernst zu handeln
und ich lerne zu träumen

Du lernst von mir
und ich lerne von dir

In der Begegnung die eigene Aufgabe erkennen

Füreinander
hast du uns geschaffen, Herr.

Lass mich auf die Menschen
offen und wachsam zugehen.
Denn eingebunden in ihr Leben und ihre Gemeinschaft
willst du mir begegnen:
in ihrer Liebe und ihrem Wohlwollen,
in ihren Gedanken und Visionen,
in ihren Wünschen und Hoffnungen,
in ihren Bitten und in ihrer Klage.

Du willst,
dass ich mit ihnen nachdenke,
mit ihnen frage,
mit ihnen suche und ringe:
um Wahrheit und Glück,
um Lebenssinn und den rechten Weg.
In der Begegnung mit den Menschen
willst du mir deine Pläne offenbaren
und mir deine Weisungen ins Herz legen.

So lass mich hören und verstehen,
was du mir in den einzelnen Begegnungen sagen willst,
worin meine Aufgabe als Dienst und Ergänzung
zum Wohle der anderen
bestehen kann.

Berufen zu wachsen und zu reifen

Neben der Berufung, ergänzend füreinander da zu sein, gibt es einen weiteren grundsätzlichen Anruf an den Menschen, den Gott in die Natur des Menschen gelegt hat: wachsen und reifen.

Wachsen –
um allgemein fähig zu werden, die von Gott vorgesehene persönliche Aufgabe einmal zu übernehmen.

Reifen –
um das in uns zu entfalten, was uns auszeichnet und uns persönlich ausmacht.
Denn bei unserer Berufung möchte Gott uns Aufgaben übertragen, die er ganz bewusst auf den Einzelnen abstimmt und nur ihm anvertraut.

In welche Richtung wir uns entwickeln sollen, welche Charakterzüge besonders wichtig sind, hat Matthäus in den Seligpreisungen benannt und aufgelistet.

> Selig, die arm sind vor Gott
> Selig die Trauernden
> Selig, die keine Gewalt anwenden
> Selig, die hungern und dürsten
> nach der Gerechtigkeit
> Selig die Barmherzigen
> Selig, die ein reines Herz haben
> Selig, die Frieden stiften
> Selig, die um des Glaubens willen
> sogar Verfolgung auf sich nehmen
> (nach Mt 5,3–12)

Bitte um inneres Wachsen

Selig, die arm sind vor Gott, hast du gesagt, Herr.
Lass mich arm werden vor dir,
indem ich meine Stärken und Talente,
die Kräfte meines Körpers,
meines Geistes und meiner Seele
als unverdiente Geschenke annehme,
mich zu meinen Schwächen bekenne,
deine Pläne mit mir höher stelle
als meine eigenen Absichten und Ziele.

Die Trauernden hast du seliggepriesen.
Lass mich zu jenen Trauernden gehören,
denen das eigene Versagen und das Leid anderer
    weh tut,
die sich trösten lassen
    und selbst zu trösten verstehen,
die nicht fliehen, wo das Leben schwer wird,
    sondern die sich den Traurigkeiten dieser
    Welt stellen und sich dagegen wehren,
    innerlich hart und bitter zu werden,
die bereit sind, das eigene Kreuz anzunehmen
    und das Kreuz anderer ein Stück mitzutragen.

Die keine Gewalt anwenden, hast du
zu den Seligen gezählt.
Hilf mir,
ein gewaltloser Mensch zu werden,
niemandem gnadenlos zu begegnen,
die Rechte und Wünsche des Nächsten zu achten,
ehrfürchtig, feinfühlig und behutsam
mit Menschen und allem Lebenden umzugehen.

Hunger und Durst nach Gerechtigkeit führt zur Seligkeit, hast du gesagt.
Lass mich danach hungern und dürsten,
den Menschen zu gewähren,
wessen sie bedürfen:
in ihren Verstrickungen,
in ihren Leiden,
im Zusammenleben mit ihnen,
bei Meinungsverschiedenheiten und
Auseinandersetzungen,
im Unglück oder bei Misserfolgen.

Die Barmherzigen hast du seliggepriesen.
Güte bestimme mehr und mehr mein Denken
und Handeln,
Großmut sollen erfahren,
die an mir schuldig wurden oder werden.
Heilen, versöhnen, verzeihen möchte ich –
nicht richten, beschämen oder vernichten.

Die Menschen mit reinem Herzen preist du selig.
Ein lauteres Herz hilf mir erwerben, Herr,
ein Herz ohne Falschheit und böse Absichten,
frei von Intrigen und Versuchen zu manipulieren,
offen für alles Bewegende, Schöne, Gute und Wertvolle.

Auf die Friedensstifter hast du hingewiesen.
Zu einem Anstifter des Friedens lass mich werden,
der frei ist von Gedanken gezielter Wiedervergeltung
oder heimlicher Rache,
der geduldig den Ausgleich sucht und gewillt ist,
alles Strittige im gegenseitigen Einverständnis beizulegen,
der Brücken baut und bemüht ist,
Friedensbemühungen anderer zu stützen und mitzutragen.

Die um des Glaubens willen Verfolgung auf sich nehmen
preist du selig.
Lass mich zu jenen gehören,
die sich auch dann zu ihrem Glauben bekennen,
wenn sie ihrer Überzeugung wegen
belächelt, verspottet, gemieden werden
oder Nachteile zu ertragen haben.

Durch die Seligpreisungen sprichst du mich an, Herr,
danach zu streben,
innerlich zu wachsen und zu erstarken.

Ich will wachsen.
Ich will reifen.
Ich will mich entwickeln.
Hilf mir,
mich auf die von dir vorgegebenen Ideale hin
auszurichten.

Berufungen in ihrer Vielfalt

Aspekte der Berufung

Berufung
nicht ein Anruf – mehr oder weniger lässig
 dahingesagt und nicht besonders
 ernst gemeint
nicht ein Anruf – aus einer Laune heraus
nicht ein Anruf – von geringer Bedeutung
 und ohne größeren Wert
nicht ein Anruf – der auch ganz gut ohne
 Antwort bleiben könnte

Berufung bedeutet
– Einbindung in den Heilsplan Gottes und Teilnahme an seinem Heilswirken
– Übertragung einer Aufgabe, die ganz auf die Persönlichkeit, das Wesen und die Einmaligkeit des Einzelnen ausgerichtet und zugeschnitten ist
– Angebot Gottes, sich zu dem zu entwickeln, der man von seinen Veranlagungen her wesenhaft sein könnte
– Sendung, der Gott seinen Beistand, seine Hilfe und seinen Segen garantiert

Der Berufung zustimmen
– ist das persönliche Ja zu Gott
– ist das Ja zur Entfaltung meiner Persönlichkeit
– ist das Ja zur Mitverantwortung für die Welt
 und die Menschen
– ist das Ja zu einem sinnvollen Leben,
 das mir Freude bereitet

Vorbereitung für spätere Aufgaben

(am Beispiel des Mose – Exodus 2–20)

Das Leben des Mose lässt sich in drei wichtige Lebensabschnitte einteilen: das Leben am Hofe des Pharao, die Flucht und den Aufenthalt in der Wüste und den Dienst am Volk Gottes beim Auszug aus Ägypten.

Die Betrachtung der Lebensgeschichte des Mose kann zeigen, dass jede Berufung eine nicht unbedeutende Vorgeschichte hat, die man oft erst später als Fügung Gottes erkennt.

Jeder kann erahnen, wie wichtig die Erziehung des Mose am Hofe des Pharao für seine spätere Aufgabe war: z.B. eine gute Ausbildung in Leitungsaufgaben (um einmal das Volk Israel führen zu können); Kenntnisse in der Abfassung von Gesetzen (denken wir an die spätere Abfassung der Zehn Gebote); schließlich das Erlernen von Strategien bei Verhandlungen (Mose und sein Bruder Aaron werden von Gott zum Pharao geschickt, um auf dem Verhandlungswege den Auszug der Israeliten zu ermöglichen).

Die Berufung des Mose beginnt also nicht erst am brennenden Dornbusch, sondern – ohne dass die Beteiligten es erahnen – mit dem Binsenkörbchen, in dem ihn seine Eltern als Baby im Schilf des Nils verstecken. Die Eltern wollen ihr Kind retten, Gott hingegen zieht im Hintergrund bereits seine Fäden, um Mose an den Ort zu führen, wo er jene Fähigkeiten erlernen kann, die er für seine spätere Aufgabe notwendig gebrauchen wird.

Zum zweiten Lebensabschnitt des Mose heißt es in der Bibel: „Als er vierzig Jahre alt war, reifte in ihm der Entschluss, nach seinen Brüdern, den Söhnen Israels, zu sehen“ (Apg 7,23). In dieser Phase kommt es für Mose zur ersten Begegnung mit der rauen Wirklichkeit des Lebens. Sein jugendlicher Schwung ist noch völlig ungebrochen – aber auch noch vollkommen unerfahren, so dass er bis aufs Blut das Recht des Nächsten verteidigt. Als Mose sieht, wie ein ägyptischer Aufseher die Israeliten schikaniert, blickt er sich um; und da er niemanden von den Ägyptern in der Nähe entdecken kann, erschlägt er den Peiniger. Diese Tat mag den jugendlichen Mose vielleicht sogar mit Stolz erfüllt haben, da es eine Tat für den Nächsten, einen Unterdrückten, und die Gerechtigkeit war. Aber die Ernüchterung lässt nicht lange auf sich warten. Schon am nächsten Tag trifft Mose auf streitende Israeliten. Als er schlichtend eingreift – „Männer, ihr seid doch Brüder, warum tut ihr einander Unrecht?“ –, schleudert ihm der, der Unrecht getan hatte, entgegen: „Wer hat dich über uns zum Schlichter oder Richter bestellt? Willst du auch mich töten wie den Ägypter?“

Bitter muss Mose erkennen, dass seine guten Absichten nicht angenommen werden. Er ist nicht einmal bei den eigenen Stammesbrüdern sicher, für die er sich so leidenschaftlich eingesetzt hat. Den Häschern des Pharao kann er entkommen, weil er ins Ausland, in die Wüste nach Midian flieht, wo er vierzig Jahre als Hirte in die Dienste des Priesters Jitro tritt.

Im Blick auf den mittleren Lebensabschnitt, den Aufenthalt des Mose in der Wüste, wären zwei Dinge hervorzuheben: Mose lässt sich durch die Schicksalsschläge des Lebens – Abstieg vom Prinzen zum Hirten, Undank von denen, für die er sich eingesetzt hat, Verfolgung und Flucht, das Angewiesensein auf die Güte und Hilfe der Familie des Priesters Jitro – nicht verbittern. Er bleibt offen für das Leben, offen für Gott. Oder war es mehr die Liebe der Familie des Jitro, die Mose bewahrte? Bestand die Berufung der Familie des Jitro – neben der Sorge um die eigene Familie und den priesterlichen Dienst – vielleicht vor allem darin, Mose aufzufangen und durch ihre Liebe und Sorge mit dazu beizutragen, dass er sein Herz für Gott offen hielt? Warum landete Mose ausgerechnet bei dieser Familie?

Aber auch das Zweite ist von Bedeutung. Die Fähigkeiten, die Mose als Prinz erlernte, reichen nicht aus, um ein so ungestümes und störriges Volk wie die Israeliten zu führen. Mose ist ja – trotz seiner guten Ausbildung am Hofe – selbst noch völlig ungestüm und unreif. Der Abstieg vom Prinzen zum Hirten ist daher dringend notwendig. Hüte-Jahre sind Jahre der geistigen Entwicklung. Tiere hüten heißt: sich selber hüten lernen. Auf unerwartete Gefahren achten, nicht ständig mit dem Kopf durch die Wand wollen, Ausdauer und Geduld entwickeln, in der Stille das Leben meditieren und im Verhalten besonnen werden.

Im dritten Lebensabschnitt kommt es zu der besonderen Berufung des Mose am brennenden Dornbusch.

Uns ist bekannt, wie Mose mit Gott ringt, weil er nicht gehen möchte. Schließlich gibt er nach und spricht ein volles Ja zu Gottes Plan, die Israeliten aus Ägypten herauszuführen.

Zu beachten wäre an dieser Stelle: Gott übergibt Mose am brennenden Dornbusch nicht irgendeine Lieblingsaufgabe, die sein Herz aufjubeln lässt, so dass er begeistert aufspringt und ans Werk geht. Vielmehr sendet Gott Mose genau zu denen, die ihm das Leben schwer gemacht haben und auch künftig immer wieder schwer machen werden – ein Verhalten Gottes, das gelegentlich bis in die Gegenwart zu beobachten ist.

Dennoch nimmt Mose den Auftrag Gottes an. Die in der Familie des Jitro erfahrene Liebe und das Hirtenleben in der Wüste haben ihn reifen lassen. Sie befähigen ihn, sich nicht – durch ein Nein zu Gott – an seinen Stammesgenossen zu rächen, die ihm einst Unrecht taten und ihn zur Flucht zwangen. Er kann inzwischen ertragen, dass auch seine Widersacher Nutznießer der Befreiung werden.

Am Beispiel des Mose wird deutlich: Gott hat seinen Plan mit uns, der zuweilen unseren Vorstellungen entgegenläuft. Aber Gott sendet nicht unvorbereitet; er überfordert nicht. Manches Durchlittene und Schwere erweist sich im Nachhinein als eine gute Vorbereitung auf das Kommende. Praktische Fähigkeiten und Herzensbildung gehören dabei zusammen, um ein guter Bote oder eine gute Gesandte Gottes zu sein.

Das Herz allen öffnen

Der Tag schenkt
sein Licht und seine Zeit
Guten und Bösen in gleichem Maße

Die Bäume tragen Früchte,
ohne zu fragen,
wer sie isst

Der Regen segnet die Felder
des Armen wie des Reichen

Die Waldluft darf jeder atmen,
der Wälder durchstreift

Die Bienen verwehren niemandem,
ihren Honig
aufs Brot zu streichen

Warum sollten
von deiner Liebe, Mühe und Hingabe
nicht zehren dürfen
Gute und Böse zugleich

Die Sandalen lösen

Der Dornbusch brannte und verbrannte doch nicht. Mose sagte: Ich will dorthin gehen und mir die außergewöhnliche Erscheinung ansehen.
Als der Herr sah, dass Mose näher kam, rief er ihm aus dem Dornbusch zu: Mose, Mose! Leg deine Schuhe ab; denn der Ort, wo du stehst, ist heiliger Boden.
Die Klage der Israeliten ist zu mir gedrungen. Ich sende dich zum Pharao. Führe mein Volk aus Ägypten heraus!
(nach Exodus 3,2–5. 9–10)

Einem brennenden Dornbusch
können auch wir begegnen

Bisher Normales, Unbedeutendes, nicht Auffälliges
fängt auf einmal Feuer
und beginnt zu brennen –
nicht nur vorübergehend,
sondern bleibend
und lodernd

Mitten im Alltag
plötzlich und ganz unerwartet
leuchtet uns etwas auf –
durch eine Andeutung, eine Bemerkung,
einen Gedanken,
durch eine Frage, einen Hinweis, eine Bitte,
durch eine Beobachtung, ein Ereignis

In einer solchen Situation gilt es,
die Geschäftigkeit des Alltags zu mindern,
um Raum zu gewinnen für die Frage:
Will Gott mir etwas andeuten oder kundtun?

Es gilt,
sich behutsam,
aber wach und aufmerksam
der Möglichkeit zu öffnen,
dass Gott sich auch uns offenbaren möchte,
um uns für eine Aufgabe anzusprechen,
für die er uns längst ausersehen hat.

Es gilt,
die Sandalen zu lösen,
in Ehrfurcht näher zu treten,
um das in uns Aufleuchtende zu betrachten
und gleichzeitig hautnah
Gottes festen, tragenden Boden unter den Füßen
zu spüren, damit wir aufbrechen,
wohin der Herr uns senden will.

Worauf es ankommt

Es ist unwichtig
ob wir von Natur aus
tapfer oder feige sind
entschlossen oder zaghaft
kühn oder ängstlich vorsichtig
stark oder schwach
jung oder alt
schon erprobt und bewährt
oder noch unerfahren

Es kommt darauf an
ob wir unserem Wesen
einverleiben
auf Gott zu hören
ihm zu vertrauen
und seinem Anruf an uns
Folge zu leisten

Jesus lebt seine Berufung nicht angepasst

Mit Gott, seinem Vater, eins,
gesandt zu uns Menschen,
Armen und Reichen,
Mächtigen und Kleinen,
Verachteten und Geschätzten,
Frommen und Sündern,
geht Jesus seinen Weg –
den seinen,
nicht einen der Welt angepassten.

Er bricht das geknickte Rohr nicht,
sondern richtet es auf.

Er übertritt Gesetze,
wo sie den Menschen nicht dienen.

Er begegnet der Stadtdirne
in Hochachtung und Würde.

Er weigert sich, die Ehebrecherin zu verurteilen
und mit Steinen nach ihr zu werfen.

Er bricht mit Petrus die Freundschaft nicht,
obwohl dieser ihn dreimal verleugnet.

Er heilt alle zehn Aussätzigen,
obwohl es ihm nur einer dankt.

Er weicht der Auseinandersetzung
mit Mächtigen nicht aus.

Er ist in seinem Glauben kein Fanatiker;
er lädt zur Nachfolge ein ohne Zwang und Druck.

Er schenkt, ohne bei Gelegenheit
eine Gegenleistung zu verlangen.

Er bewahrt Menschen vor peinlicher Blamage
auf der Hochzeit zu Kana.

Er schwitzt Blut vor Angst,
aber rennt vor seiner Aufgabe nicht davon.

Er lügt vor Gericht nicht,
obwohl er dadurch seine Haut retten könnte.

Er gehorcht Gott, seinem Vater, mehr
als den Menschen.

So bleibt er seiner Sendung treu.

Die Vielzahl der Berufungen

Berufungen durch Gott gibt es in großer Zahl und zu unterschiedlichsten Aufgaben.

Schon im alten Israel spürten Menschen, dass sie von Gott zu einer bestimmten Aufgabe ausgewählt wurden, z.B. Abraham, Mose, die einzelnen Propheten, Johannes der Täufer.

Jesus selbst versteht sein Leben als spezielle Sendung und besonderen Auftrag des himmlischen Vaters.

Durch ihn, den Gottessohn, erfährt der Gedanke und das Bewusstsein um Sendung und Beauftragung durch Gott eine bis dahin nicht gekannte Weite und Ausdehnung, indem Jesus alle, die sich zu ihm bekennen, beauftragt und sendet.

Das Ringen um die Frage nach der konkreten Berufung des Einzelnen muss – nach den biblischen Berichten – in der Urkirche sehr lebendig gewesen sein. Paulus schärft den Blick für die Vielfalt und mahnt, keine Berufung abzuwerten, indem er betont, dass es der Heilige Geist ist, der die jeweilige Berufung bewirkt zum Wohle der ganzen Gemeinschaft (vgl. 1 Kor 12).

Da Zeiten sich ändern, ist es nur natürlich, dass sich auch Berufungen nach Art und Umfang ändern können oder müssen, um der Gegenwart Rechnung zu tragen. Die Frage nach der persönlichen Berufung und Beauftragung ist daher von jedem Christen in seiner Zeit neu zu stellen.

Berufen

Berufen, Leben zu schützen

Berufen, Rechte anderer zu verteidigen

Berufen, Glauben zu fördern

Berufen, Gutes und Heilsames sichtbar zu machen

Berufen, Frieden zu stiften

Berufen, Fürsprecher zu sein

Berufen, das Gute mitzutragen und zu unterstützen

Berufen, aus Missverständnissen herauszuführen

Berufen, Entwicklung einzuleiten

Berufen, Wege zu ebnen

Berufen, Pläne zu entwerfen

Berufen, Verborgenes aufzudecken

Berufen, Zukunft zu sichern

Berufen, aufzurichten und zu trösten

Berufen zu einem besonderen Dienst in der Kirche

Berufen zu einem Gott geweihten Leben

Es gibt keinen Berufeneren

Es gibt keinen Berufeneren
als dich,

Liebe zu verschenken
Fröhlichkeit zu verbreiten
das Herz sprechen zu lassen
Menschen mit Wohlwollen zu begegnen
großzügig zu denken
barmherzig zu handeln
Mut zu machen
Traurige zu trösten
den ersten Schritt zu tun
Pläne zu schmieden
verantwortlich zu handeln
der Not offen zu begegnen
Hilfe anzubieten
sich selbst nicht zu vernachlässigen
sich für das Gute stark zu machen
Gott zu loben
die Menschen und die Welt ins Gebet zu nehmen
ein Kreuz mutig zu tragen

Es gibt keinen Berufeneren
als dich

Die Bedeutung des Einfachen und Alltäglichen

Es ist die große Ausnahme,
dass Gott seine Botschaft
in ausgewählter, feierlicher Szene
durch einen Engel verkünden lässt.

Gott ist nicht nur ein Gott der
feierlichen Augenblicke,
er ist vor allem ein Gott des
Einfachen und Schlichten,
ein Gott des Alltags.

Im Alltäglichen, Einfachen und Schlichten
das Meine und das mir Mögliche entdecken
heißt: auf Gottes Anruf hören.

Die kleinen Liebesdienste nicht vernachlässigen,
weil sie oft eine große Hilfe sind
und viel Freude von ihnen ausgehen kann,
den Nächsten neben mir als den begreifen,
zu dem mich Gott in diesem Augenblick senden will,
das heißt: Gott ernst nehmen.

Die Stimme,
die uns innerlich trifft und berührt
– aus dem Mund eines Kindes oder
einfachen Menschen –
ist ein Anruf Gottes.

Das Wort
– vielleicht nur in einem Nebensatz gesagt –,
das uns aufhorchen und innehalten lässt,
zum Nachdenken anregt,
Fragen an uns selbst oder zu Situationen stellt,
ist ein Anruf Gottes an uns.

Bilder, Visionen, Gedanken,
die uns einfach kommen,
unsere Routine und unseren Trott unterbrechen,
        sind der Grund und Nährboden,
        auf dem Gottes Anruf Wurzeln schlagen,
        wachsen
        und Frucht tragen will.

Warten wir nicht auf die Ausnahme.
Gehen wir eher davon aus,
dass Gott uns im Alltäglichen und Einfachen anruft,
beauftragt und sendet.

Um Erkenntnis der eigenen Berufung

Herr,
ich habe mein grundsätzliches Ja zu dir gesprochen.
Hier stehe ich, verfüge über mich.

Was erwartest du von mir?
Wohin willst du mich durch den Heiligen Geist
senden?

Ich bin unsicher,
welche Richtung ich einschlagen soll,
welche Aufgabe du mir übertragen möchtest,
welchen Menschen ich mich vorrangig zuwenden soll.

Ich bin unsicher,
ob meine Ideen und Wünsche
mit deinen Vorstellungen übereinstimmen,
welche Ereignisse im Alltag
bewusst von dir gesetzte Zeichen
für mich sind,
welche Begegnungen mit bestimmten Menschen
du absichtlich eingefädelt hast.

Ich bin unsicher,
wie ich Zufälle, Erfolge, Niederlagen, Hindernisse
jeweils werten soll.
Was ist Hinweis, Warnung, Herausforderung?

Ich brauche Sicherheit, Herr.
Das musst du verstehen.
Lass mich nicht weiterhin im Ungewissen.

Was ich dir noch sagen wollte

Du darfst mir glauben, Herr,
dass ich ganz nach deinem Willen leben will,
auch wenn ich nicht immer nach ihm frage.

Du darfst mir glauben,
dass ich dich bezeugen will,
auch wenn ich manchmal feige schweige.

Du darfst mir glauben,
dass ich deiner Sendung die Treue halten will,
auch wenn ich öfter murre und mich beklage.

Du darfst mir glauben,
dass ich deine Weisungen anerkenne und achte,
auch wenn ich nicht immer sofort reagiere.

Du darfst mir glauben,
dass ich dich wirklich liebe und dir vertraue,
auch wenn ich zuweilen gedankenlos eigene Wege
gehe.

Du darfst mir glauben,
dass ich es ehrlich meine,
auch wenn mein Verhalten gelegentlich dagegen-
spricht.

Ich will zurückschauen

Herr,
du hast gesagt:
Wer die Hand an den Pflug legt,
soll nicht zurückschauen.

Lass es mich dennoch tun und betrachten,
wo ich mich bewähren konnte,
wie oft du mir zur Seite standest,
wie ich Schweres mit deiner Hilfe
gemeistert habe,
wie gut und richtig es war,
meinem Gewissen und deinem Willen
zu folgen, obwohl ich mit meiner Über-
zeugung Ablehnung erfuhr.

Lass mich zurückschauen, Herr,
nicht um dir untreu zu werden,
sondern um aus den guten Erfahrungen
Kraft zu sammeln für meine Sendung,
die ich erahne,
damit ich entschlossen und mutig
nach vorn und in die Zukunft blicke.

Berufung im Gebet begleiten

An dich, Gott,
der du Berufung aussprichst
und den Einzelnen sendest,
wende ich mich mit der Bereitschaft,
Berufungen durch mein Gebet mitzutragen
und in Stille zu begleiten.

Erbitten möchte ich für unsere Welt und Gesellschaft
ein Klima,
    das Berufung anerkennt und bejaht,
ein Mühen um öffentliche Förderung von Tugenden,
    die Berufung und Sendung ermöglichen,
Anerkennung von Mühe und Leistung derer,
    die dem Ruf ihrer Sendung gefolgt sind,
die Bereitschaft,
    Erschöpfte und in ihrer Berufung müde
    Gewordene nicht zu verurteilen, sondern
    aufzufangen.

Bitten möchte ich
für alle,
    die um Klarheit ihrer Berufung ringen,
für alle,
    die mehrere Anläufe für ihre Entscheidung
    benötigen,
für alle,
    denen der Weg in ihrer Berufung durch
    andere schwer gemacht wird und denen man
    bewusst Steine in den Weg legt,

für alle,
denen bisher geschenkte Liebe und groß-
zügiges Wohlwollen wegen der Treue zu
ihrer Berufung entzogen wurden.

Um Kraft beten und bitten möchte ich
für alle,
die Kindern Leben schenken, ihre Seele
formen, ihr Wesen prägen,
für alle,
denen Weiterentwicklung und Förderung
von Menschen als Aufgabe in die Hände
gelegt wird,
für alle,
denen Suchende Vertrauen schenken und sie
ansprechen, um sich mit ihnen zu beraten,
für alle,
die Einfluss haben und Wege der Berufung
eröffnen und bereiten können.

Alle Seligen und Heiligen,
die ihr euch in eurer Berufung ausgezeichnet habt,
legt bei Gott Fürsprache ein für jene,
die heute in der Entscheidung oder Bewährung stehen.

Persönlicher Anruf

Schöpfe Verdacht!

Anrufe und Berufungen
sind nicht immer auf den ersten Blick erkennbar.

Aber wenn du spürst, dass dich etwas fasziniert,
begeistert, anspricht, lockt, trotz großer Mühe
erstrebenswert erscheint,
dann schöpfe Verdacht, halte inne, frage, lausche,
höre und bitte Gott um Erleuchtung.

Wenn Nöte der Menschen, ihr Leid, ihre Verlassenheit
dich in deinem Herzen und Gedanken immer wieder
berühren und nicht loslassen,
dann schöpfe Verdacht, halte inne, frage, lausche,
höre und bitte Gott um Erleuchtung.

Wenn dich Sehnsucht treibt nach sinnerfülltem Leben,
das Glück der Menschen dir ein echtes Anliegen wird,
Unrecht an Wehrlosen, Schwachen und Kleinen dich
zornig macht,
dann schöpfe Verdacht, halte inne, frage, lausche,
höre und bitte Gott um Erleuchtung.

Wenn du dich hingezogen fühlst in die Stille,
zu Sammlung, Betrachtung und Gebet, wenn
innere Versenkung, Meditation, Anbetung und
Gotteslob dich erfüllen,
dann schöpfe Verdacht, halte inne, frage, lausche,
höre und bitte Gott um Erleuchtung.

Wenn Fragen sich verstärken an dein bisheriges Leben, an deinen Umgang mit Geld oder Besitz, an deinen Beruf oder die Nutzung deiner Talente, an den Wert deines Strebens und deiner Ziele, dann schöpfe Verdacht, halte inne, frage, lausche, höre und bitte Gott um Erleuchtung.

Wenn du spürst, dass du dich nicht mehr länger bedeckt halten darfst, dass endlich Bekenntnis, Größe und Weite, Einsatz und Wagnis in dein Leben treten müssen,
dann schöpfe Verdacht, halte inne, frage, lausche, höre und bitte Gott um Erleuchtung.

Verdacht schöpfen, mit Gottes Anruf rechnen ist der Beginn, Berufung zu klären.
Um seinen Anruf und seine Botschaft erkennbar zu machen, wählt Gott für die Betroffenen jene Wege, die den Einzelnen aufmerken und suchen lassen.
Im Aufmerken, Suchen und Fragen bekundet sich die Bereitschaft, sich auf den Willen Gottes einzulassen.

Wer sucht, der findet.
Gott lässt niemanden im Stich. Er wird seinen Auftrag so deutlich zeigen und erkennen lassen, dass mit der Zeit Sicherheit zu gewinnen ist.

Sammle Kräfte

Vielleicht steht mitten im Alltag
plötzlich ein Bild vor dir,
das dich nicht mehr loslässt –

Vielleicht kommt dir bei einem Spaziergang
ein Gedanke,
den du noch nie zu denken gewagt hast –

Vielleicht erwachst du im Schlaf
aus einem Traum,
der Fragen an dich stellt –

Vielleicht bewegen dich in letzter Zeit
bestimmte Themen
auffallend oft –

Vielleicht spürst du auf einmal,
dass in dir etwas gewachsen ist,
das geboren werden will –

dann werde still –

sammle Kräfte
und bereite dich für den Aufbruch vor

Wundere dich nicht

Wundere dich nicht,
wenn du auf dem Weg,
den du,
auf die Stimme deines Herzens hörend,
verfolgst,

etwas ganz anderes,
vielleicht viel Besseres,
findest,
als du gesucht hast.

Wundere dich nicht,
aber frage dich,
welche Bedeutung
dies
für dich
haben könnte.

Gott schaut auf mich

Gott sieht
wer ich – ohne Maske – wirklich bin

Gott sieht
wie ich im Lauf der Zeit geworden bin
durch Erziehung und Lebensumstände

Gott sieht
wer und wie ich
– nach meinen Wünschen und Vorstellungen –
gern sein möchte

Gott sieht
wer ich in Wirklichkeit sein könnte

Gott sieht
welche Wege mich ganz zu mir und meiner
Aufgabe führen können

Gott will mir die Augen öffnen
damit ich diese Wege auch selbst sehe und
entdecke und mich für sie entscheide

Gott,
öffne mir die Augen,
damit ich mich – und deine Pläne mit mir –
erkennen und begreifen kann.
Dann wird mir mein Ja zu dir und meiner Berufung
um vieles leichter fallen.

Seht auf eure Berufung

Viele Christen halten sich selbst
für zu klein, zu gering, zu unbedeutend,
um wirkungsvoll für die Sache Gottes einzutreten.
Sie glauben zuweilen,
ihr Wirken könnte der Sache Jesu
eher schaden als nützen.
Darum halten sie sich – fast ängstlich – zurück.

An sie wendet sich der Apostel Paulus im ersten Brief an die Korinther mit einer geradezu leidenschaftlichen Aufforderung: Schaut doch einmal genau hin, wen Gott erwählt hat. Es sind nicht nur die Starken, die Weisen, die Mächtigen – Menschen, die in ihrer Umgebung etwas gelten, angesehen sind und Einfluss haben (vgl. 1 Kor 1,26–31).

Weil Gott selbst es ist, der in uns wirkt, darum
darf jeder vertrauensvoll seine Sendung annehmen
und daran glauben,
dass oftmals gerade in unserer Unvollkommenheit
und Schwäche,
im Schlichten und Einfachen
Gottes Botschaft, seine Hilfe und sein Segen
eindrucksvoll sichtbar und wirksam werden.

Denk nicht zu gering von dir!

Sag nicht:
– ich bin noch zu jung
– unfähig
– nicht erfahren genug
– kein überzeugender Redner
– selbst oft schwach und mit Fehlern behaftet

Ich, Gott, bin es, der dich sendet,

weil ich auch dich
von allem Anfang an
ausersehen habe
für bestimmte Aufgaben und Menschen

Dich
den Schwachen
den Einfachen
den Kleinen
den Unscheinbaren und Ruhmlosen
den Stillen und oft Schweigsamen
den Vorsichtigen und Behutsamen
den Glück- und oft Erfolglosen
den Armen
den Kranken
den Unbeholfenen
den Außenseiter
den Unsicheren und Ängstlichen

Das Warum der Berufung bleibt ein Geheimnis

Das Warum unserer Berufung bleibt Gottes Geheimnis. Unsere Fähigkeiten, unsere Veranlagungen, unser Wesen lassen erahnen, wozu wir berufen sein könnten.

Die Situationen, in die wir geführt werden, die innere Stimme, die sich immer wieder meldet, Anstöße von außen, sie können Vermutungen erhärten und uns mehr Sicherheit geben, in welche Richtung wir schauen oder hinhören sollen.

Aber warum wir gerade diese Talente bekamen, die wir haben, warum die Stimme in uns immer wieder spricht, warum es uns in eine ganz bestimmte Richtung zieht, das bleibt unerklärbar, ist mit dem Verstand nicht auszuloten.

Gott gibt nur preis,
dass wir ihm wertvoll sind,
dass wir Bedeutung haben,
dass er unsere Dienste möchte,
dass wir teilhaben sollen an seinem Wirken,
dass er uns schätzt und achtet,
dass er uns grenzenlos liebt,
dass er eng verbunden mit uns leben möchte –
er in uns und wir in ihm.

Ich finde keine Worte

Gott,
unerforschlich sind deine Gedanken,
unergründlich all deine Pläne.

Spürbar für uns Menschen sind allein
deine Wertschätzung und deine Liebe zu uns,
wenngleich auch für sie
das Warum in seiner Tiefe nicht zu ergründen ist.

Warum liebst du uns so sehr?
Warum sind wir dir so kostbar und wertvoll?
Warum suchst du unsere Nähe?

Mit endlosem Staunen stehe ich vor dir.
Worte, die meinen Dank an dich
gebührend ausdrücken könnten,
fallen mir nicht ein.
In Ehrfurcht und Schweigen
will ich still verharren.

Sieh die Freude, die in mir aufsteigt,
wenn ich an dich denke.
Vernimm meinen Lobpreis,
den mein Herz dir darbringen möchte,
ohne dafür Worte zu finden.

Trotz Schwächen und Versagen erwählt

(am Beispiel des Apostels Petrus)

Kennst du den Petrus,
den Mann mit dem Matrosenschritt
und den Schwielen an den Händen,
der sein Fischerhandwerk ausgezeichnet verstand,
aber wahrscheinlich weder lesen noch schreiben konnte
und in Religion viel Nachhilfe brauchte?

Erinnerst du dich,
wie er begeistert ins Wasser sprang,
um Jesus entgegenzugehen,
am Ölberg mit dem Schwert zuschlug,
um seinen Meister vor der Rotte zu verteidigen,
beim Abendmahl von seiner Treue zu Christus
so überzeugt war,
dass er schwur, Jesus niemals zu verlassen,
selbst wenn der Weg ins Gefängnis
oder in den Tod führen sollte.

Erinnere dich,
wie er in entscheidender Stunde schläft,
während Jesus vor Angst Blut schwitzt,
dreimal leugnet, Jesus zu kennen,
während dieser im Gerichtssaal unschuldig
verurteilt wird,
zwar über sein Versagen weint,
aber nicht – wie Simon von Cyrene –
Jesus das Kreuz tragen hilft
oder in der Gruppe der Getreuen
unter dem Kreuz stand,

so dass Jesus ihm,
dem Fels und Ersten unter den Zwölf,
seine Mutter hätte anvertrauen können.

Erinnere dich,
wie er an die Auferstehung zunächst nicht glaubt,
weil sie von Frauen berichtet wird,
wie er sich mit den anderen
ängstlich hinter verschlossenen Türen versteckt,
bis der Heilige Geist ihn mit Sturm und Feuer
zum öffentlichen Auftritt treibt,
wie er sich in Antiochien
von den Heidenchristen fernhält
aus Furcht vor den Juden,
wie ihm Paulus auf dem Apostelkonzil
den Kopf waschen muss,
um die Enge in seinem Denken aufzubrechen.

Diesen Petrus fragt Jesus lediglich:
Liebst du mich?
Nichts sonst zählt für den Herrn,
um Petrus zu beauftragen und zu senden.

Betrachte,
welches Wunder der Heilige Geist
bei Schwachen vollbringen kann,
wenn sie den Herrn lieben und zu ihrem Auftrag
ja sagen.

Verstärke meine Liebe

Jesus,
du hast Petrus gefragt, ob er dich liebt.

Die gleiche Frage
stellst du – täglich neu – auch an mich.

Ich zögere,
mit einem klaren Ja zu antworten.
Denn ich weiß nicht,
ob das, was im Blick auf dich in mir ist,
schon Liebe genannt werden kann.

Dreimal hast du Petrus nach der Liebe zu dir gefragt.
Er wurde am Ende traurig –
wohl erkennend,
dass du über Echtheit, Tiefe und Glut seiner Liebe
Auskunft wünschtest.

Und nach dieser Echtheit, Tiefe und Glut
fragst du sicher auch mich.

Ich will auf deine Frage, ob ich dich liebe,
so antworten:
Ich bin mir nicht sicher, Herr,
ob ich dich schon wirklich liebe.
Aber du sollst wissen,
dass ich dich von ganzem Herzen lieben möchte.

Hilf mir, dich tief und innig zu lieben.

Du hast mich nicht übersehen

Du hast dich entschieden, Herr,
Menschen an deinem Wirken Anteil zu geben.
Und dabei hast du auch mich nicht übersehen.
Sinn und Bedeutung gibst du meinem Leben,
Ausrichtung und Ziel.

Mein Leben und Wirken
stehen unter deinem Stern,
dürfen eintauchen in dein Ja zu mir
und in den Strom deiner Gnade.

Freude durchströmt mein Herz.
Wunderbar ist es,
nicht vergessen zu sein.
Ich spüre in mir ein Drängen, dir zu sagen:
Ja, ich will deinen Weisungen folgen.

Bewirke,
dass diese Freude in mir erhalten bleibt
und deine Kraft,
aus der ich leben kann und will.

Danke,
dass du mich nicht übersehen hast.

Gib auf, was dich hindert,
Gottes Auftrag und Sendung anzunehmen

Pläne, die du entworfen hast
Gewohnheiten, an denen du hängst
die mögliche Karriere
Ansprüche, auf die du ein Recht hättest
Sicherheiten, die jedes Risiko ausschließen
Bindungen, die das konsequente Ja zu Gott
nicht zulassen

Neben dem Angebot Gottes, in seine Dienste zu treten, werben viele andere Angebote um unsere Gunst. Hier werden wir in die Entscheidung gedrängt, Gott den Vorrang zu geben, obwohl Gottes Weg mit uns nicht immer der bequemste und leichteste sein wird. Eine Aufgabe Gottes übernehmen heißt auch: Mühe investieren. Mit seiner Unterstützung jedoch traut Gott uns und unseren Kräften seinen Auftrag zu. Er verbindet ihn stets mit Sich-Entwickeln, Wachsen, Reifen, Erstarken.

Fest steht:
Gott lässt niemanden ins Leere laufen, noch schickt er jemanden ins Unglück.
Seine Aufträge sind nie harmlose Wünsche, die er uns gelegentlich nebenbei wissen lässt. Was Gott plant, hat Fundament, bedarf ernsthafter und sorgfältiger Aufmerksamkeit.
Seine Erwartung an uns ist, dass wir ihn ernst nehmen und seiner Mithilfe vertrauen.

Gott der Ernsthaftigkeit

Gott
lass mich aufmerksam sein
wenn du im Innern bei mir anklopfst
lass mich spüren
wo du mich bewegen willst

Hilf mir
mich von Liebgewordenem zu verabschieden
deinem Willen den Vorrang einzuräumen
Mühe nicht zu scheuen
deiner Hilfe zu vertrauen

Lehre mich
zwischen Wichtigem und Unwichtigem
zu unterscheiden
Lebenszeit nicht nutzlos zu vergeuden

Nimm mir die Angst
zu kurz zu kommen
durch ein konsequentes Ja zu dir

Du, Herr, kannst mir die nötige Kraft
zur Nachfolge geben
dir will ich mich anvertrauen

Heiliger Geist – göttliche Kraft

Heiliger Geist – göttlicher Lebensodem
atme in mir
damit meine Seele lebt
und mein Geist lebendig ist

Heiliger Geist – glühende Liebe
wecke Leidenschaft in mir
nach Gutem zu streben
und es mit Hingabe zu vollbringen

Heiliger Geist – göttlicher Antrieb
ersetze in mir
alles Zögern und Zaudern
durch Entschlossenheit und Aufbruch

Heiliger Geist – umschrieben mit Feuer und Sturm
bewege mich
meine Veranlagungen und Talente
bis auf den Grund auszuschöpfen

Heiliger Geist – Spender göttlicher Gnade in Fülle
durchdringe und beseele mit deiner Kraft
    meinen Geist und meinen Leib
    mein Sehnen, Wünschen und Wollen
    mein Denken und Handeln
    meinen Glauben, mein Beten und Ringen
damit meine Seele glüht
und mein Geist lebendig ist

Schütze dich vor dir selbst

Roll dich innerlich und äußerlich zusammen,
wenn deine Wut dich stürmisch packen will
oder Zorn dich ungezügelt zu überkommen droht

Gib der Bequemlichkeit einen Platz
in der Abstellkammer deines Herzens,
wenn sie sich in dir breitmachen will

Richte dich auf,
sobald unlauteres Begehren dich umgarnt,
und besinne dich auf deine Würde

Schleiche dich davon,
wenn Rechthaberei dich bedrängt oder
der Hang des Besserwissens erneut Anlauf nimmt

Suche die Nähe von jemandem,
den du im Augenblick lieben kannst,
wenn Gedanken der Rache dich ergreifen wollen
oder die Neigung zur Vergeltung bei dir anklopft

Sei aufmerksam,
wenn du dir selbst zur Gefahr wirst,
und schütze dich vor dir selbst

Wenn Gottes Auftrag Ängste auslöst

(am Beispiel des Königs Salomo)

Noch sehr jung wurde Salomo der Nachfolger seines berühmten Vaters David. Er spürt seine ganze Unerfahrenheit im Regieren und Leiten. Vor allem aber ist Salomo bewusst, dass er nicht König irgendeines Volkes ist, sondern König des erwählten Volkes Gottes. Dabei wird ihm klar: Es reicht nicht, die Staatsgeschäfte gut zu führen, die Grenzen zu sichern, Wohlstand ins Volk zu bringen. Salomo begreift: Es gehört vorrangig zu seiner Aufgabe, den Glauben an den Gott Jahwe zu vertiefen, Leben und Handeln im Alltag auf den Willen Gottes hin auszurichten, Gottes Pläne und Weisungen zu achten, um Heil und Segen nicht zu verspielen.

Dies alles erkennend, führt Salomo ein Gott verbundenes Leben. Auf seine Hilfe will er bauen. In Jahwe setzt der junge König sein ganzes Vertrauen. In Gebeten, mit Liedern und großzügigen Opfern huldigt und ehrt er Gott, wie es schon sein Vater David tat. Und Gott lässt Salomo nicht im Stich. In einem Traum (1 Kön 3,9) gewährt er Salomo, eine Bitte an ihn aussprechen zu dürfen. Salomo wünscht sich ein „hörendes Herz" und die Gabe, „Gutes von Bösem" unterscheiden zu können.
Gott gefällt dieser Wunsch des jungen und gläubigen Salomo und er gibt ihm zur Antwort (1 Kön 3,11–12):

Weil du gerade diese Bitte ausgesprochen hast und nicht um langes Leben, Reichtum oder um den Tod deiner Feinde, sondern um Einsicht gebeten hast, um auf das Recht zu hören, werde ich deine Bitte erfüllen. Sieh, ich gebe dir ein so weises und verständiges Herz, dass keiner vor dir war und keiner nach dir kommen wird, der dir gleicht.
Aber auch das, was du nicht erbeten hast, will ich dir geben: Reichtum und Ehre, so dass zu deinen Lebzeiten keiner unter den Königen dir gleicht.

Die Bitte Salomos um Weisheit und Einsicht hat Gläubige zu allen Zeiten beeindruckt. Hier war ein Mensch, der wusste, worauf es ankommt, nämlich: sich seiner eigenen Grenzen bewusst sein und vertrauensvoll Gott um Hilfe bitten. Und vor allem wusste Salomo als Glaubender, um was er vorrangig zu bitten hatte: nicht um Gesundheit und langes Leben, nicht um Macht, Ansehen und Erfolg, nicht um Reichtum und Glanz, sondern um Einsicht in Gut und Böse, um Erkenntnis des Willens Gottes.

Äußerlich gesehen hatte Salomo alle Gaben, die ein König braucht. Er war hoch gebildet, im Abfassen von Gedichten und Psalmen geübt, musikalisch begabt. Dennoch spürte er im Blick auf seine Aufgabe Ängste in seinem Innern.

Sich vor einer neuen Aufgabe ängstigen ist nicht unnormal – eher vorteilhaft. Ängste bewahren vor zu großer Selbstsicherheit. Sie verweisen auf die persönlichen Grenzen und erinnern daran, mögliche und notwendige Hilfe nicht unbeachtet zu lassen.

Gläubig und demütig findet Salomo in seinen Ängsten für sich den Weg des bittenden Gebetes. Gebet baut Ängste ab, stärkt Hoffnung und Zuversicht. Salomo erfährt – wie viele andere nach ihm – den Weg des Gebetes als den wirksamsten und zuverlässigsten. Hören mit dem Herzen und sich hingeben in Gottes Auftrag setzen vertrauendes Gebet voraus. Denn es gibt Erkenntnisse und Einsichten, Fähigkeiten und Kräfte, eine Festigkeit in der Treue, Bereitschaft und Furchtlosigkeit, die nur dann in uns aufkeimen und wachsen, wenn sie erbetet werden.

Ein hörendes Herz erbitte ich

Wie Salomo
erbitte ich, Herr, ein hörendes Herz

Ein Herz,
das tief in mich hineinhört und wahrnimmt,
was mich im Innersten bewegt:

das wahrnimmt,
          was mich beunruhigt, hemmt, blockiert,
          aufwühlt und Widerstand in mir erzeugt
das wahrnimmt,
          was mich erfreut, aufjubeln lässt, begeistert,
          Stärke gibt, Hoffnung schenkt, Kühnheit
          verleiht
das wahrnimmt,
          was nur leise in mir spricht,
          was nur in Stille und Besinnung vernehmbar
          ist

Um ein Herz bitte ich,
          das dir, Herr, im Hinhören den Vorrang gibt,
          sein Vertrauen vor allem in dich setzt,
          deine Wünsche und Anrufe zu deuten vermag

Die Bitte um ein hörendes Herz
möchte ich an dich, Herr,
jeden Tag neu stellen.

Der Disput im Inneren

Auf was wartest du noch?
fragt das Gewissen

Man kann es nicht gründlich genug bedenken,
flüstert die Vorsicht

Wer nichts wagt, wird nichts gewinnen,
entgegnet die Zuversicht

Du übernimmst dich,
warnen die Ängste

Man kann in Aufgaben hineinwachsen,
ermuntert das Vertrauen

Und wenn du dich in allem täuschst,
bemerken die Zweifel

Es spricht zu vieles dafür,
äußert die Gelassenheit

Gib dich in Gottes Hand,
rät der Glaube

In der Arbeit und im Einsatz das eine Notwendige nicht vergessen

(am Beispiel der Geschwister Maria und Marta)

Sie zogen zusammen weiter, und er kam in ein Dorf. Eine Frau namens Marta nahm ihn freundlich auf. Sie hatte eine Schwester, die Maria hieß. Maria setzte sich dem Herrn zu Füßen und hörte seinen Worten zu. Marta aber war ganz davon in Anspruch genommen, für ihn zu sorgen. Sie kam zu ihm und sagte: Herr, kümmert es dich nicht, dass meine Schwester die ganze Arbeit mir allein überlässt? Sag ihr doch, sie soll mir helfen! Der Herr antwortete: Marta, Marta, du machst dir viele Sorgen und Mühen. Aber nur eines ist notwendig. Maria hat das Bessere gewählt, das soll ihr nicht genommen werden.

(Lk 10,38–42)

Ohne langes Überlegen werden wir sagen können: Jesus will bestimmt nicht den Fleiß der Marta kritisieren, ihre Emsigkeit, oder überhaupt Arbeit als minderwertig hinstellen und „frommes" Nichts-Tun empfehlen. Durch Nichts-Tun kommt kein Brot auf den Tisch, wird Alltag nicht bewältigt, werden Probleme nicht gelöst. Es muss Jesus um etwas anderes gegangen sein.

Weiterhelfen könnte uns vielleicht ein Blick auf andere Berichte der Bibel, in denen uns ein Verweilen Jesu als Gast überliefert ist.

Jesus kehrt z. B. beim Zöllner Zachäus ein. Wie er dort bewirtet wurde, ist uns nicht berichtet. Aber wir dürfen annehmen: gut. Doch, was ist das Entscheidende bei diesem Besuch? Lukas schildert, wie durch die Gegenwart Jesu im Zöllner eine Umkehr und Hinwendung auf die Lebensnorm Jesu geschieht. Das Handeln des Zachäus wird von nun an von Gerechtigkeit bestimmt und der Bereitschaft, Arme zu unterstützen. Denn er gibt an die Geschädigten zurück, was er von ihnen zu viel gefordert hat, und die Hälfte seines Reichtums schenkt er den Armen.

Jesus kehrt bei dem Pharisäer Simon ein. Auch hier wird er einen reich gedeckten Tisch vorgefunden haben. Aber Simon sperrt sich gegen Jesus. Als die stadtbekannte Dirne erscheint und Jesus sie nicht abweist, verhärtet sich sein Herz gegen alles, was Jesus wichtig ist.

Die Dirne muss sich nicht mehr zu Jesu Füßen setzen. Sie hat längst verinnerlicht, was Jesus den Menschen – vielleicht auch Maria, der Schwester der Marta – in seinen Gesprächen noch nahebringen muss und will, nämlich: Liebe und Barmherzigkeit als Leitfaden und oberste Norm für alles Handeln zu bejahen. Bei Simon scheitert Jesus. Der Pharisäer wird auch in Zukunft nach Normen leben und handeln, die in vielem den Vorstellungen Jesu widersprechen.

Im Blick auf diese Beispiele wird deutlich, dass Jesus eine Einladung nicht des guten Essens wegen angenommen hat. Er kommt jedes Mal, um seine Botschaft in die Herzen der Anwesenden zu legen.

Weil Maria dies begriffen hat und sich als Hörende zu seinen Füßen niederlässt, wird sie von Jesus gelobt. Marta verhält sich wie immer, sie behandelt Jesus wie jeden anderen Gast: freundlich, herzlich, bemüht, den Gast mit guten Speisen und Getränken zu versorgen. Sie unternimmt keinen inneren Schritt auf Jesus zu. In ihrem Eifer spürt Marta nicht, dass sie mit ihrer Geschäftigkeit dem Anliegen Jesu im Wege steht, das sie das Eigentliche und Wichtige, um das es Jesus geht, zerstört, wenn sie auch noch Maria, die im Gespräch mit Jesus weilt, zur Arbeit antreiben will. Sie hat für sich noch nicht geklärt, dass es stets um die Frage geht: Bin ich auf Jesus und seine Botschaft ausgerichtet? Lerne ich von ihm? Übernehme ich seine Art zu denken und zu handeln? Korrigiere ich mich im Blick auf ihn? Für diese Fragen will Jesus – mit seinem Verweis – Marta innerlich gewinnen.

Die Chance, Jesus so direkt einzuladen, wie es die Menschen seiner Zeit konnten, haben wir nicht. Aber der Bibeltext will und soll uns dazu anregen, uns immer wieder einmal Zeit zu nehmen für eine Einladung an Jesus, um mit ihm über uns zu sprechen. Eingespannt in unsere Arbeit möchte uns Jesus sagen: Vergrößere und erhöhe nicht den äußerlichen Wirbel, setze dich mir zu Füßen und lass uns darüber reden, was für dich – und grundsätzlich – richtig, gut, wichtig, notwendig, unerlässlich ist. Überprüfe dein Handeln nicht nur daraufhin, ob du fleißig und emsig bist, sondern kläre vor allem, ob die innere Beziehung zu mir und den anderen noch stimmt und gut ist, ob die Motive des Handelns lauter sind und von der Liebe und Barmherzigkeit bestimmt werden.

Um diesem Anliegen Jesu nachzukommen, sind immer wieder Einladungen durch uns an Jesus notwendig. Jesus möchte auch bei uns einkehren und verweilen. Wir benötigen Zeiten der Besinnung, des Stillwerdens, des Hinhörens, der inneren Zwiesprache und Überprüfung unseres Handelns. Nur so können unser Leben und unsere Berufung Tiefgang gewinnen, das Herz aufblühen und glühen, unser Handeln Antrieb und Auftrieb erhalten.

Ausruhen

Da sagte er zu ihnen:
Kommt mit an einen einsamen Ort,
wo wir allein sind,
und ruht ein wenig aus.
(Mk 6,31)

Sich bei Jesus niederlassen –
alle Last beiseitelegen
und zu sich selbst kommen
das Hasten und Hetzen unterbrechen
um innere Ruhe und Gelassenheit zu finden

Sich bei Jesus niederlassen –
schönen Erfahrungen nachhängen
sie bis auf den Seelengrund sinken lassen
alles Positive und Hinzugewonnene
ins Leben und künftige Handeln einordnen

Sich bei Jesus niederlassen –
seine Gegenwart auskosten
ihn anschauen
seinen Worten lauschen
seine Liebe und sein Wohlwollen spüren
dem Herzen Raum zum Danken geben
das Ja zur Nachfolge
als Glück und Bereicherung empfinden

Zwiespalt ist in mir

Herr,
ich spüre,
wie du bei mir anklopfst.
Du bittest um Einlass
und um ein Gespräch mit mir.

Ich ahne,
worüber du mit mir reden möchtest.

Du wirst beharrlich bleiben
und neu anklopfen,
wenn ich mit meiner Einladung zögere.

Mein Zaudern gefällt mir selber nicht.
Ich müsste mit dir über mich sprechen,
das ist mir klar.
Ich weiß selbst nicht,
was mich in Wahrheit davon abhält,
diesen Schritt entschlossen zu wagen.

Du, Herr, kennst mich besser,
als ich mich selbst bei mir auskenne.
Hilf mir,
den Zwiespalt in mir zu überwinden.

Vor Gottes Sendung fliehen ist keine gute Lösung

(am Beispiel des Jona)

Gott sprach einst zu Jona: Geh nach Ninive, in die große Stadt, und droh ihr das Strafgericht an! Denn ihr böses Treiben ist bis zu mir gedrungen.
Jona aber wollte nicht – vorausahnend, dass Gott bei einer Umkehr der Bewohner von seiner Drohung ablassen würde. Jona hätte lieber gesehen, dass über die Einwohner von Ninive, den Feinden Israels, ein mächtiges Strafgericht hereinbrechen würde. Er widersprach Gott nicht; denn er glaubte, durch eine Flucht seinem Auftrag entkommen zu können, um auf diese Weise eine eventuelle Umkehr der Leute von Ninive zu verhindern.

Jona machte sich auf den Weg – nicht nach Ninive, sondern in die entgegengesetzte Richtung. Er kam zur Hafenstadt Jafo am Mittelmeer. Dort fand er ein Schiff, das nach Tarschisch fuhr – einem Ort am Ende der Welt. Jona bezahlte, ging an Bord und begab sich in den untersten Raum des Schiffes. Überzeugt, Gott aus den Augen gekommen zu sein, legte er sich schlafen.

Der Herr aber ließ auf dem Meer sehr bald einen gewaltigen Sturm losbrechen. Das Schiff wurde ein Spielball der Wellen und drohte auseinanderzubrechen. Die Matrosen warfen die Ladung ins Meer, damit das Schiff leichter würde. Als dies nicht half, schrien sie zu ihren Göttern um Hilfe.

Jona schien weiterhin zu schlafen. Der Kapitän ging zu ihm und sagte: Wie kannst du in dieser Situation schlafen? Steh auf und ruf deinen Gott um Hilfe an! Vielleicht kann er uns retten.

Die Matrosen hatten inzwischen entschieden, das Los zu werfen, um herauszufinden, wer an diesem Unheil schuld sei. – Das Los fiel auf Jona.

Da bekannte Jona den Männern, dass er vor Gott auf der Flucht sei. Um sie nicht unschuldig untergehen zu lassen, empfahl er ihnen: Nehmt mich und werft mich ins Meer, damit das Wasser sich beruhigt und euch verschont. Denn ich weiß, dass dieser gewaltige Sturm durch meine Schuld über uns gekommen ist. Die Matrosen zögerten zunächst, versuchten erst noch einmal mit aller Kraft gegen den Sturm zu rudern, doch sie richteten nichts aus. Da riefen sie Jahwe, den Gott Jonas, um Beistand an und baten ihn: Lass uns nicht untergehen wegen dieses Mannes, und rechne uns, was wir jetzt tun, nicht als Vergehen an unschuldigem Blut an. Dann warfen sie Jona ins Meer.

Der Herr aber schickte einen großen Fisch, der Jona lebendig verschlang. Im Bauch des Fisches – errettet aus dem Sturm – begriff Jona, was der Herr ihm damit sagen wollte, und er dankte Gott, der ihn nicht der Vernichtung preisgegeben hatte. Da befahl der Herr dem Fisch, Jona ans Land zu speien.

Nun erging das Wort des Herrn zum zweiten Mal an Jona: Geh nach Ninive und droh der Stadt all das an, was ich dir sagen werde. Diesmal machte sich Jona auf den Weg und ging nach Ninive, wie es Gott ihm aufgetragen hatte. Er durchquerte die Stadt und rief im Namen Gottes laut: Noch vierzig Tage und Ninive ist zerstört!

Die Leute glaubten Gott, hüllten sich in Bußgewänder und riefen ein Fasten aus. Auch der König stieg von seinem Thron, legte seinen Königsmantel ab und befahl: Befehl des Königs und seiner Minister: Alle Menschen und Tiere, Rinder, Schafe und Ziegen, sollen nichts essen, nicht weiden und kein Wasser trinken. Menschen und Tiere sollen Buße tun. Laut sollen sie zu Gott rufen. Und jeder soll umkehren von seinen bösen Taten und dem Unrecht, das an seinen Händen klebt. Wer weiß, vielleicht reut es Gott und er lässt von seinem Zorn ab, so dass wir nicht zugrunde gehen.

Als Gott sah, dass die Leute von Ninive umkehrten und von ihrem bösen Tun abließen, reute ihn das Unheil, das er ihnen angedroht hatte, und er führte seine Drohung nicht aus.

(nach Jona 1–3)

Was nicht möglich ist

Man kann
den Anruf Gottes
immer wieder neu überhören

sich sträuben und weigern
Gottes Ruf anzunehmen

mit zahllosen Argumenten
Entschuldigungen für sein Verhalten vorbringen

Aber man wird Gott
nie dazu bewegen
seinen Anspruch an uns
aufzugeben
oder so zu verändern
dass er uns schließlich passt

Unser Anteil

Gott
ruft und sendet

Für jeden Auftrag
gibt er
die nötige Kraft
seinen begleitenden Beistand
des Himmels Segen

Aber
aufbrechen und Gottes Auftrag ausführen
müssen wir selbst

Ausgewichen

Herr
ich spüre
ausgewichen bin ich dir

Menschen
die mich brauchten
und zu denen du mich senden wolltest
habe ich vergeblich auf mich warten lassen

Aufgaben
die ich leicht hätte übernehmen können
sind liegen geblieben
und einige Chancen dadurch für immer vertan

Mein Ja
zu deinen Plänen mit mir
habe ich
unentschlossen hinausgeschoben

Ein Meister bin ich
im Zaudern und Zögern

Wie lange
wirst du noch Geduld mit mir haben

Wohin willst du gehen?

Wem willst du vertrauen,
wenn du Gott nicht vertraust?

Wem willst du glauben,
wenn du Gott nicht glaubst?

Auf wen willst du bauen,
wenn Gott dir nicht Fels ist?

Wer soll dir Kraft und Halt geben,
wenn nicht Gott?

Wohin willst du gehen,
wenn du Gottes Wege und Ziele
in den Wind schlägst?

Stelle dich

Steh auf und stelle dich dem Leben
Öffne die Augen für die Wirklichkeit
Entdecke das noch Verborgene in dir
Nähere dich dem Geheimnisvollen

Stelle dich
der Stimme in deinem Inneren
deinen Fragen und Vermutungen
den Hinweisen und Zeichen von außen

Stelle dich
der Sehnsucht nach erfülltem Leben
deinen Begabungen und Fähigkeiten
der Liebe und dem Dienen
dem klaren Ruf Gottes

Stelle dich
in den Strom der Gnade
in den Segen des Himmels
in den Beistand des Heiligen Geistes

Stelle dich
deinem Gott
dir selbst
den anderen
der Welt

Der wahre Grund

Was uns
zuweilen abhält
dem Ruf Gottes zu folgen

ist oft nicht in erster Linie
fehlendes Vertrauen
in Gottes zugesicherten Beistand

sondern eher Misstrauen
in unsere eigene Treue
zu unserem Ja gegenüber Gott

Gott weiß um mich

Herr, du hast mich erforscht
und du kennst mich.

Ob ich sitze oder stehe,
du weißt von mir.
Von fern erkennst du meine Gedanken.
Ob ich gehe oder ruhe,
es ist dir bekannt;
du bist vertraut mit all meinen Wegen.

Noch liegt mir das Wort nicht auf der Zunge –
du, Herr, kennst es bereits.
Du umschließt mich von allen Seiten
und legst deine Hand auf mich.
Zu wunderbar ist für mich dieses Wissen,
zu hoch, ich kann es nicht begreifen.

Wohin könnte ich fliehen vor deinem Geist,
wohin mich vor deinem Angesicht flüchten?
Steige ich hinauf in den Himmel,
so bist du dort;
bette ich mich in der Unterwelt,
bist du zugegen.

Nehme ich die Flügel des Morgenrots
und lasse mich nieder am äußersten Meer,
auch dort
wird deine Hand mich ergreifen
und deine Rechte mich fassen.

Würde ich sagen:
„Finsternis soll mich bedecken,
statt Licht
soll Nacht mich umgeben",
auch die Finsternis wäre für dich nicht finster,
die Nacht würde leuchten wie der Tag,
die Finsternis wäre wie Licht.
(Ps 139,1–12)

Wegbegleitung

Gott segne den Weg,
den du in seinem Namen einschlägst

Gott segne die Mühe,
die du dir in seinem Namen gibst

Gott segne die Menschen,
zu denen er dich sendet

Gott segne deine Worte,
wenn du in seinem Namen sprichst

Gott segne deinen Rat, deine Mahnung,
die du in seinem Auftrag erteilst

Gott segne deine Entscheidungen – besonders dann,
wenn du in schwierigen Situationen handeln musst

Gott segne dein Ausruhen,
deine Pläne und Neuorientierung

Gott segne dich in der Ferne,
wenn sein Auftrag dich in die Fremde führt

Gott segne deine Heimkehr,
damit du wohlbehalten zu denen zurückkehrst,
die dich in ihren Gedanken und mit guten
Wünschen begleiten
und in Liebe zurückerwarten

An der Berufung leiden

Das Leiden an Gott in der Berufung

(am Beispiel des Propheten Jeremia)

Du hast mich betört, o Herr,
und ich ließ mich betören;
du hast mich gepackt und überwältigt.
Zum Gespött bin ich geworden den ganzen Tag,
ein jeder verhöhnt mich.
Ja, sooft ich rede, muss ich schreien,
„Gewalt und Unterdrückung!" muss ich rufen.
Doch die Worte, die ich im Namen des Herrn ausrufe,
bringen mir nur Spott und Hohn ein.
Sagte ich aber zu mir selbst:
Ich will nicht mehr an Gott denken
und in seinem Namen verkünden,
so war es mir, als brenne ein Feuer in meinem Herzen,
eingeschlossen in meinem Inneren.
Ich quälte mich, es auszuhalten – und konnte es nicht.
(nach Jeremia 20,7–9)

Jeremia fühlt sich von Gott verführt. Gutgläubig hat sich der Prophet auf Gott eingelassen. Und nun sitzt er in der Patsche. Je lauter Jeremia Gottes Botschaft verkündet, umso mehr wird er von seinen Landsleuten belächelt, verspottet, geschnitten. Und Gott reagiert nicht. Wo bleibt Gott mit seiner Hilfe, auf die Jeremia so felsenfest gebaut hatte?

Jeremia ist bitter enttäuscht von seinem Gott. Und er sagt ihm dies mitten ins Gesicht: Du hast meine Gutwilligkeit, meine Unerfahrenheit, meine Dummheit ausgenutzt. Übertölpelt hast du mich. Ich bin auf dich hereingefallen, als ich mein Ja zu deinem Auftrag sagte. Nicht im Geringsten habe ich je mit dem Prophetenamt geliebäugelt. Du hast es mir aufgeschwatzt. Ich übernahm es, weil ich an deine Stärke, an deine Macht geglaubt habe und darauf vertraute, dass du mir hilfst und zur Seite stehst. Reingefallen bin ich mit dir. Im Stich gelassen hast du mich. Verlacht und verspottet werde ich jetzt, zum Außenseiter bin ich geworden. Das alles hast du, Gott, mir eingebrockt. Ein Opfer meines Gehorsams dir gegenüber bin ich geworden.

Jeremia klagt Gott an. Er hat den Mut, Gott zu sagen, was ihm quer im Magen liegt. Es ist kein nerviges, wehleidiges Gezeter, sondern die sachliche Aufzählung der Punkte, die Jeremia Gott zum Vorwurf macht. Jeremia hat Format. Er nörgelt nicht irgendwo in den Ecken herum, hetzt andere nicht gegen Gott auf, rächt sich nicht an ihm, indem er Gottes Auftrag nur nachlässig oder schludrig ausführt. Von Mann zu Mann fordert er den zur Stellungnahme heraus, den er für seine missliche Situation verantwortlich macht: seinen Gott, der ihn betörte.

Bewundernswert an Jeremia ist: Er schleicht sich nicht einfach davon, sondern ringt mit Gott. Jeremia nimmt Gott ernst. Er gibt Gott Recht, dass dieser nicht länger zusehen will, wie die Mächtigen im Lande die Kleinen und Schwachen ausbeuten. Ihnen muss ins Gewissen geredet und Einhalt geboten werden. Jeremia ist bereit, dazu seinen Beitrag zu leisten, indem er im Namen des Herrn ausruft: „Gewalt und Unterdrückung!“ Um zu helfen, dass dieses Unrecht beseitigt würde, hatte Jeremia sein Ja zu Gottes Auftrag gegeben.

Aber dann widerfuhr ihm dieses Unverstehbare an Gott: Gerade die, die bereit sind, für ihn zu kämpfen, sich für ihn einzusetzen und zu engagieren, ihm die Treue zu halten, scheinen oft sehr von ihm verlassen zu sein. Ja, mehr noch: Sie erleiden nicht nur Misserfolge, sie ernten auch noch Undank, Vorwürfe, Verdächtigungen. Und nicht selten schlägt obendrein das Schicksal zu: Unglück, Pech, Krankheit.

Jeremia weiß sehr wohl, dass es seine Mitmenschen sind, die nicht auf ihn hören, ihn belächeln, über ihn spotten und ihn zum Außenseiter stempeln. Dennoch ist Gott irgendwie mitverantwortlich an der misslichen Lage des Propheten. Und wenn schon die Menschen nicht mit sich reden lassen, mit seinem Gott will Jeremia reden: offen und ehrlich.

Hier nimmt Jeremia Gott ein zweites Mal sehr ernst. Er traut Gott zu, dass er, Jeremia, zwar nur ein Mensch und Geschöpf Gottes, dennoch mit diesem ringen und sich mit ihm auseinandersetzen darf. Welch lebendiger Glaube steht hinter dieser Haltung, selbst wenn die Anklage des Propheten Gott gegenüber zunächst anmaßend erscheinen mag! Aber wie fair verhält sich Jeremia in dieser Auseinandersetzung gegenüber Gott! Jeremia sucht nicht Verbündete unter den Gegnern Gottes, sorgt nicht für eine böse und aufgeheizte Stimmung Gott gegenüber, gießt nicht Öl ins Feuer derer, die Gott und den Glauben an ihn gern lächerlich machen.

Der Prophet lässt Gott, von dem er sich im Stich gelassen fühlt, nicht links liegen, als könne man das einfach so, um dann seine eigenen Wege zu gehen. Jeremia macht Ernst damit, dass man letztlich nicht an Gott vorbeileben kann. Zwar führen ihm seine Landsleute in ihrem gottlosen Lebenswandel vor Augen, dass dies anscheinend sehr wohl zu gehen scheint; aber so viel Einsicht und Achtung vor Gott hat sich Jeremia bei aller Enttäuschung über ihn bewahrt, dass er weiß: Mit Gott kann man nicht sein Spiel treiben. Gott lässt sich von den Menschen nicht in Luft auflösen oder in den Papierkorb werfen. So ist Jeremias Auseinandersetzung die konsequente Folge eines gläubigen Menschen, der seinen Gott ernst nimmt.

Jeremia spürt: Gott verhält sich nicht, wie der Prophet ihn sich wünscht – aber er ist da. Und dieses Wissen, das tiefe innere Gespür für Gottes Dasein hindert Jeremia, sich von Gott abzuwenden, mit ihm zu brechen und die Berufung für immer aufzukündigen. Sein Leiden an Gott, seine Enttäuschung über ihn können seine innere Verbundenheit mit Gott nicht lösen.

Aus Enttäuschung gesprochen

Gott,
hinwerfen möchte ich manchmal alles.

Warum reicht es nicht,
dass ich mich für dich und deine Sache einsetze?

Warum bringst du meine Gegner
mit ihrem Auftreten nicht in Verlegenheit?

Warum dürfen sich Menschen ungestraft
über meine Treue zu dir lustig machen
und meine Mühe kritisieren?

Was ist dir mein Einsatz wert?
Warum zeigst du dich meinen Widersachern
nicht deutlich in deiner ganzen Macht?

Ich will dir dienen –
aber auch froh und glücklich leben
und nicht immer wieder leiden müssen.

Herr,
gib doch Antwort
oder ein Zeichen, das ich verstehen kann,
damit ich dir in Treue,
aber auch in Freude diene.

Bitte um mehr Durchblick

An jede Hilfe, Herr,
die ich anderen freundlich gewähre,
reihen sich neue Bitten, Anliegen, Wünsche.
Und alle sind sie berechtigt.

Ich fühle mich einerseits jedes Mal angesprochen,
andererseits spüre ich deutlich die Grenzen
meiner Kräfte.
Ich frage mich: Wo soll das auf Dauer hinführen?
Es muss doch auch alles Helfen einmal
ein Ende haben
oder mindestens im Rahmen und in Grenzen bleiben.

Wie kann es weitergehen?
Wo darf ich ablehnen,
wo ein unumstößliches Nein sagen?
Wem darf ich mich entziehen?

Ich bin ratlos, Herr.
Und das sehr oft.

Erreichbar musst du für mich sein

Ich fürchte mich nicht vor dem Leben
vor Wellen und Wind
dem Auf und Nieder des gewöhnlichen Alltags

Doch wenn du mich senden willst
durch Nacht und Nebel
durch unbekannte Gewässer und Fluten
zu fernen Ufern
dann musst du, Herr,
mit einsteigen in mein Segelboot

Leg dich ruhig schlafen
aber ich muss dich wecken können
wenn ich am Ende bin
oder unterzugehen drohe

Weil du es bist

Herr,
du bist es,
der mich wollte, wie ich bin
du bist es,
der mich oft unbemerkt führt
du bist es,
der notwendige Hindernisse aufbaut
oder Wege ebnet
du bist es,
der ruft und sendet, wenn die Stunde
gekommen ist
du bist es,
der Maß und Umfang bestimmt
du bist es,
der vor Überforderung schützt
du bist es,
der an meiner Seite steht
du bist es,
der auffängt und neuen Mut verleiht
du bist es,
der mit mir leidet und mir wieder
auf die Beine hilft
du bist es,
auf den ich meine ganze Hoffnung setze,
dem ich fest vertraue,
weil du es bist

Die Ermüdung im Dienste Gottes

(am Beispiel des Propheten Elija)

Nicht jeder hat die Kraft eines Jeremia, der mit Gott streiten, ihn anklagen und mit ihm ringen kann, um auf diese Weise seine Probleme mit der Berufung zu verarbeiten. Es gibt auch das Ermüden und Absinken in Erschöpfung und Kraftlosigkeit, wie wir es beim Propheten Elija erleben können.

Nach den Berichten der Bibel (1 Kön 17–19) muss Elija ein mutiger Prophet gewesen sein, teilweise ein regelrechter Draufgänger. Er lebte in einer Zeit, da in Israel der Götzendienst wieder zunahm und den Glauben an Jahwe zu verdrängen drohte. Ahab, der König von Israel, hatte Isabel, eine Heidin, zur Frau genommen. Diese war eine glühende Verehrerin des Baal (Fruchtbarkeitsgottheit). Sie muss großen Einfluss auf den König gehabt haben. Denn Ahab schloss sich ihrem Glauben an, baute den Baalskult aus und vernachlässigte die Verehrung Jahwes wie kein König zuvor (1 Kön 16,31–33).

Elija kündet daraufhin dem König eine lange Dürreperiode als Strafe Gottes an. Aber Ahab bekehrt sich nicht. Vielmehr lässt er nach Elija fahnden. Diesem gelingt es jedoch, sich unter der Führung Jahwes drei Jahre zu verbergen.

Auf Gottes Geheiß macht sich Elija dann erneut auf und fordert auf dem Berg Karmel unter Gegenwart des Volkes die Baalspriester zu einem Gottesurteil heraus.

„Da sagte Elija zum Volk: Ich allein bin als Prophet des Herrn übrig geblieben; die Propheten des Baal aber sind vierhundertfünfzig. Man gebe uns zwei Stiere. Sie sollen sich einen auswählen, ihn zerteilen und auf das Holz legen, aber kein Feuer anzünden. Ich werde den andern zubereiten, auf das Holz legen und kein Feuer anzünden. Dann sollt ihr den Namen eures Gottes anrufen und ich werde den Namen des Herrn anrufen. Der Gott, der mit Feuer antwortet, ist der wahre Gott. Da rief das ganze Volk: Der Vorschlag ist gut.

Nun sagte Elija zu den Propheten des Baal: Wählt ihr zuerst den einen Stier aus und bereitet ihn zu; denn ihr seid die Mehrheit. Ruft dann den Namen eures Gottes an, entzündet aber kein Feuer!
Sie nahmen den Stier, den er ihnen überließ, und bereiteten ihn zu. Dann riefen sie vom Morgen bis zum Mittag den Namen des Baal an und schrien: Baal, erhöre uns! Doch es kam kein Laut und niemand gab Antwort. Sie tanzten hüpfend um den Altar, den sie gebaut hatten. Um die Mittagszeit verspottete sie Elija und sagte: Ruft lauter! Er ist doch Gott. Er könnte beschäftigt sein, könnte beiseitegegangen oder verreist sein. Vielleicht schläft er und wacht dann auf. Sie schrien nun mit lauter Stimme. Nach ihrem Brauch ritzten sie sich mit Schwertern und Lanzen wund, bis das Blut an ihnen herabfloss. Als der Mittag vorüber war, verfielen sie in Raserei und das dauerte bis zu der Zeit, da man das Speiseopfer darzubringen pflegt. Doch es kam kein Laut, keine Antwort, keine Erhörung.

Nun forderte Elija das ganze Volk auf: Tretet her zu mir! Sie kamen und Elija baute den zerstörten Altar Jahwes wieder auf. Er nahm zwölf Steine, nach der Zahl der Stämme der Söhne Jakobs, zu dem der Herr gesagt hatte: Israel soll dein Name sein. Er fügte die Steine zu einem Altar für den Namen des Herrn, zog rings um den Altar einen Graben und grenzte eine Fläche ab, die zwei Sea Saat hätte aufnehmen können. Sodann schichtete er das Holz auf, zerteilte den Stier und legte ihn auf das Holz.

Nun befahl er: Füllt vier Krüge mit Wasser und gießt es über das Brandopfer und das Holz! Hierauf sagte er: Tut es noch einmal! Und sie wiederholten es. Dann sagte er: Tut es zum dritten Mal! Und sie taten es zum dritten Mal. Das Wasser lief rings um den Altar. Auch den Graben füllte er mit Wasser."
(1 Kön 18,22–35)

Danach betet Elija zu Gott und dieser lässt Feuer auf das Opfer des Elija fallen.

Als Isabel davon erfährt, lässt sie Elija eine Drohbotschaft überbringen. Diese Drohung beschert dem sonst so mutigen Elija einen inneren Zusammenbruch. Alles Vertrauen in Gott ist plötzlich wie weggeblasen. Panische Angst um sein Leben befällt ihn. Er flieht in die Wüste, setzt sich unter einen Ginsterstrauch und wünscht sich den Tod – alle Lebenskraft ist in ihm erloschen.

Es gibt auch in unserer Zeit durch unterschiedlichste Ereignisse den möglichen Einbruch bei Menschen, bei denen wir es nicht erwartet hätten. Menschen, die mutig und entschlossen lange Zeit stark und energisch die Sache Gottes vertraten, liegen plötzlich kraftlos am Boden, fühlen keinen Grund mehr unter ihren Füßen, wünschen sich eher den Tod als ein Weiterleben. Alles, was ihnen einmal Kraft schenkte, sie stark machte, Hoffnung und Zuversicht gewährte, ist verschwunden. Im Inneren findet sich nur noch Leere.

Für diese Fälle braucht Gott wache, aufmerksame Menschen – Engel, die er senden kann wie bei Elija.

Doch ein Engel rührte ihn an und sprach: Steh auf und iss! Als er um sich blickte, sah er neben seinem Kopf Brot, das in glühender Asche gebacken war, und einen Krug mit Wasser. Er aß und trank und legte sich wieder hin. Doch der Engel des Herrn kam zum zweiten Mal, rührte ihn an und sprach: Steh auf und iss! Sonst ist der Weg zu weit für dich. Da stand er auf, aß und trank und wanderte, durch diese Speise gestärkt, vierzig Tage und vierzig Nächte bis zum Gottesberg Horeb.
(1 Kön 19,5b–8)

Dort angekommen, hat sich Elija innerlich wieder gefangen. Wie Jeremia kann er jetzt Gott sein Leid klagen, Gott seinen Einsatz vorrechnen und sich anschließend neu von ihm senden lassen.

Davor fürchte ich mich

Ich fürchte mich nicht vor einem gelegentlichen Fall,
der mich zu Boden streckt,
vor einem Kampf, in dem ich erliege,
vor einem harten Schlag
oder einem Missgeschick

Was bedeuten
Wunden und Schmerzen,
Schläge und Einbrüche des Lebens,
solange fester Boden unter den Füßen bleibt

Was ich fürchte,
ist ein Fallen oder der Sturz ins Bodenlose,
in Abgrund und Tiefe,
in die Leere,
ins Nichts

Wenn dies einmal geschehen sollte, Herr,
falle ich hoffentlich am Ende
in deine Hände

Vernimm mein Beten, Herr,
achte auf mein Flehen.
Vor dem Tag meiner Not will ich zu dir rufen,
vertrauend,
dass du mich erhörst
und vor einem solchen Unglück bewahrst

Meine Absichten waren ehrlich

Herr,
mit meinem Ja zu dir
hatte ich mir vieles vorgenommen

Meine Liebe sollte glühen
        mein Eifer nicht erlahmen

Aufrichtig wollte ich leben und handeln
        wahrhaftig und ohne Falschheit

Geduld sollte mich zügeln
        Verständnis mich leiten

Mehr Rücksicht wollte ich nehmen
        niemanden überfordern

Vorsicht sollte mein Urteilen bestimmen
        nicht Besserwisserei

Herr,
meine Absichten waren ehrlich –
du weißt, was aus ihnen geworden ist

Berufen zu einem Leben unter den Gelübden Armut, Ehelosigkeit, Gehorsam

Hingabe rundum

Berufungen ergehen von Gott in vielfältiger Weise: unterschiedlich im Umfang, in ihrer Form und Ausprägung, in ihrer zeitlichen Dauer.
Das Gefühl, gerufen zu sein, sein ganzes Leben mit allen Fähigkeiten und Kräften in den Dienst Gottes zu stellen, wird den Blick eines Menschen nicht selten in Richtung Ordensleben lenken. Denn die drei Gelübde, unter denen jedes Ordensleben steht, bedeuten in ihrer Gesamtheit: Hingabe rundum.

Das Gelübde der Armut beinhaltet, keine Zeit oder Kraft zu verwenden, um Reichtümer dieser Welt zu erwerben, sondern um Reichtümer des Herzens anzustreben: Liebe, Güte, Wohlwollen, Barmherzigkeit, Treue, Tapferkeit – kurz: zu besitzen, was Jesus besaß.

Das Gelübde der Ehelosigkeit bedeutet mehr als den Verzicht auf Ehe und Familie, die ja etwas Gutes sind. Dieser Verzicht macht nur Sinn, wenn er aus der leidenschaftlichen Bereitschaft einer Ganzhingabe an Gott erwächst. Das Gelübde der Ehelosigkeit will bereit machen, sich nicht selbst zu binden, sondern sich von Gott binden zu lassen, die eigenen Kreise aufzugeben, ganz frei zu werden, um zu den Menschen oder Aufgaben aufzubrechen, zu denen Gott jeweils senden will.

Das Gelübde des Gehorsams schließlich will keine willigen Untertanen schaffen. Es heißt im Blick auf Christus: Du bist der „Herr“, dessen Wille mir über alles geht und dem ich folgen will. Nach deinem Willen werde ich sehr bewusst ein Leben lang immer wieder fragen. Dein Wille soll in dieser Welt zum Zuge kommen. Dafür will ich mich mit allen Kräften und Talenten uneingeschränkt einsetzen.

Dem Leben unter den Gelübden geht ein persönlicher Anruf Gottes voraus, der den Weg in die jeweils von Gott bestimmte Gemeinschaft führen wird.

Der erste Schritt heißt „lassen“

Ein Mann, der seinen Glauben sehr ernst genommen hatte, indem er die Gebote achtete und genau einhielt, wandte sich einst an Jesus mit der Frage, was er denn tun solle, um das ewige Leben zu gewinnen. Jesus wollte ihn für die Nachfolge gewinnen und gab ihm eine verblüffende Antwort, die dieser wohl ganz und gar nicht erwartet hatte. Anstatt dem Mann Zusätzliches aufzubürden, sagte Jesus ihm, dass er als Erstes etwas „lassen“, etwas loslassen solle:

Als sich Jesus wieder auf den Weg machte, lief ein Mann auf ihn zu, fiel vor ihm auf die Knie und fragte ihn: Guter Meister, was muss ich tun, um das ewige Leben zu gewinnen?
Da sah ihn Jesus an, und weil er ihn liebte, sagte er: Eines fehlt dir noch: Geh, verkaufe, was du hast, gib das Geld den Armen, und du wirst einen bleibenden Schatz im Himmel haben; dann komm und folge mir nach! Der Mann aber war betrübt, als er das hörte, und ging traurig weg; denn er hatte ein großes Vermögen.
(Mk 10,17.21–22)

Hier gehöre ich hin

Wenn man mich fragt,
warum ich in einen Orden eingetreten bin
und gerade in diesen Orden, dem ich angehöre,
dann könnte ich viele Gründe nennen,
die äußerlich eine Rolle gespielt haben.

Und wahrscheinlich könnte man mir
– wie ich mir selbst –
bei jedem genannten Grund sagen:
Deine Anliegen hättest du vielleicht
– ja wahrscheinlich –
auch anders verwirklichen können.

Letztlich weiß ich auf die Frage
keine bessere oder andere Antwort als die:
Gott hat gerufen
und gleichzeitig im Hintergrund seine Fäden gezogen,
geführt, gesteuert, geleitet.

Bei der Suche nach meinem Weg
kamen auch verschiedene Orden und ihre Ziele
in mein Blickfeld.
Im Abwägen dessen, wie ich meine Berufung
– so wie ich sie spürte und verstand –
verwirklichen könnte,
und bei der Begegnung
mit Mitgliedern verschiedener Orden
gab es nach einer gewissen Zeit den Punkt,
wo mir klar war: Hier gehöre ich hin.
Hier ist mein von Gott bestimmter Platz.

Gottes Wege

Meine Gedanken sind nicht eure Gedanken
und eure Wege sind nicht meine Wege –
Spruch des Herrn.

So hoch der Himmel über der Erde ist,
so hoch erhaben sind meine Wege über euren Wegen
und meine Gedanken über euren Gedanken.

Denn wie der Regen und der Schnee vom Himmel fällt
und nicht dorthin zurückkehrt,
sondern die Erde tränkt und sie zum Keimen
und Sprossen bringt,
wie er dem Sämann Samen gibt und Brot zum Essen,
so ist es auch mit dem Wort,
das meinen Mund verlässt:

Es kehrt nicht leer zu mir zurück,
sondern bewirkt, was ich will,
und erreicht all das,
wozu ich es ausgesandt habe.
(Jesaja 55,8–11)

Amen

Wir haben uns als Ordenschristen
nicht selbst ausgesucht
Der Herr hat uns zusammengeführt

Einen und zusammenhalten sollen uns
der eine Geist
die gleiche Sehnsucht
das gemeinsame Ziel

Einen gemeinsamen Acker in seinem Weinberg
ein für uns ausgesuchtes Feld
hat er uns bei seinem Anruf zugewiesen

Unter Lobgesang
wollen wir säen und pflanzen
Wachstum und Gedeihen
unter seinen Segen stellen

und in den Tagen der Ernte
den Ertrag miteinander teilen
und die Früchte gemeinsam
auskosten

Amen – So soll es sein

Überzeugungen von Ordenschristen

Wir glauben,
dass wir innerlich reicher werden durch Teilen
und dass wir im Loslassen materieller Güter
umso deutlicher spüren,
wie vielfältig und umfassend reich
wir von Gott beschenkt sind.

Wir glauben,
dass es eine Berufung zur Ehelosigkeit gibt,
eine Bindung allein an Gott und seine Sendung.
Diese Berufung kann die Berufenen bis auf den Grund
ihrer Seele erfüllen und in Freude leben lassen.

Wir glauben,
dass die intensive Frage nach dem Willen Gottes
unser Denken grundlegend verändern und
umformen kann
und unserem Leben und Handeln
Bedeutung und Wert verleiht.

Wir glauben,
dass zum Leben unter den Gelübden eine Berufung
ergeht und dass die drei Gelübde in ihrer gelebten
Einheit eine große Kraft in uns entwickeln,
das von Jesus begonnene Heilswerk mitzutragen.

Verweilen

Hier bin ich, Herr!
Viel Zeit habe ich nicht zur Verfügung.

Darum will ich nicht über meine Probleme
mit dir reden,
meine Sorgen vor dir ausbreiten,
dir bestimmte Anliegen oder Wünsche vortragen.

Lass mich einfach für eine kurze Zeit bei dir sein,
deine Gegenwart spüren,
in deiner Nähe mich wohl fühlen,
unsere Freundschaft genießen,
mich deinen wohlwollenden Blicken
aussetzen,
im Schweigen mich sammeln,
die Ruhe auf mich wirken lassen.

In deine Gegenwart will ich mich bringen,
um ein paar Augenblicke
in Stille ganz bei dir zu sein.

Ich fühle mich gut aufgehoben

Aufs Neue spüre ich, Herr,
wie Geborgenheit und Friede mich umschließen.

Ich fühle mich gut aufgehoben
in meiner Gemeinschaft.
Mein Leben und mein Sein
darf ich mit den anderen teilen.

Du hast uns einander geschenkt
und gegenseitiger Fürsorge anvertraut,
damit wir uns gegenseitig die Augen öffnen
und vor Blindheit bewahren,
Fragwürdiges und Folgenschweres
gemeinsam prüfen,
die Gedanken und Ideen der Einzelnen
in einen gemeinsamen Strom,
in ein gemeinsames Ziel
zusammenfließen lassen.

Ich fühle mich getragen und entlastet,
weil ich nicht alles
allein entscheiden,
allein beurteilen,
allein verantworten muss.

Leg meine Freude und meinen Frieden
auch in das Herz der anderen.

Danke

Danken möchte ich dir, Gott

Du hast mich gewollt – Danke

Du hast mich geformt und geprägt – Danke

Dir bin ich wertvoll – Danke

Du setzt Vertrauen in mich – Danke

Du rechnest mit mir – Danke

Du hältst an mir fest – Danke

Du hörst auf mein Klagen und Bitten – Danke

Du stehst mir zur Seite – Danke

Du überforderst mich nicht – Danke

Du gehst mir voran – Danke

Du schenkst mir Leben in Fülle – Danke

Du liebst mich von Herzen – Danke

Nimm mein Gebet mit auf den Weg

Auch wenn ich dich
nicht persönlich kenne,
mein Gebet begleite dich,
wo immer du dich abmühst, Gottes Willen zu tun:

es beflügle dich,
deine Aufgabe kraftvoll anzugehen

es verleihe dir Ausdauer,
wenn Wege sich endlos lang hinstrecken

es schenke dir Geduld,
sofern sich die Aufgabe schwierig gestaltet

es stärke und stütze dich,
wenn du abgekämpft bist und ermüdest

es tröste dich
bei Misserfolgen und Niederlagen

es berühre dich sanft und richte dich auf,
wenn du glaubst, am Ende zu sein

es sei dir Nahrung,
die du benötigst, um dich neu aufzumachen

es sei das Zeichen meiner Verbundenheit mit dir

Das Herz öffnen
für die Einladung Gottes an uns
an der Verwirklichung seines umfassenden Heilsplans
ein Stück mitzuarbeiten

Das Herz öffnen
für die ganz persönlich zugedachten Aufgaben
durch Gott
infolge seiner Wertschätzung
jedes einzelnen von uns

Das Herz öffnen
für Gottes Aufträge
die uns fordern und fördern
immer neu
über uns hinaus zu wachsen

Inhalt

Gottes Grundidee

Berufungen in ihrer Vielfalt

An der Berufung leiden

Berufen zu einem Leben unter den Gelübden Armut, Ehelosigkeit, Gehorsam